Le surdoué et l'amour

Monique de Kermadec

Le surdoué et l'amour

Albin Michel

« Vivre, c'est toujours attendre l'amour. »

« L'amour est un trompe l'œil,
mais c'est un trompe l'œil à ménager
parce que c'est une source d'énergie et de bonheur. »

Jean-Claude Lavie, *Pour et contre l'amour*

« "Avec les hommes, il y a toujours un problème, et j'ai dû apprendre à ne pas exagérer." Elle voulait dire par là qu'elle s'était entraînée à ne pas être trop belle, trop intelligente, trop combative, trop ironique, trop amoureuse, trop zélée, trop indépendante, trop généreuse, trop agressive ou trop gentille. Le trop provoque de violentes réactions masculines… En revanche, chez les hommes, le "trop" suscite de l'admiration et mène aux postes de direction. »

Elena Ferrante, *Les Odieuses.*

Prologue

Chère Madame de Kermadec,

Je me permets cette lettre et j'ai un peu honte.

Un peu honte de prendre votre temps mais je ressens un besoin irrépressible de partager avec vous tout ce que je peux vous dire qui peut expliquer dans quel monde je vis [...]. Même après des années d'amitié, je peux encore douter de la profondeur de nos liens, être mal à l'aise dans un face-à-face, ne pas pouvoir demander un service. Quand ces mêmes amis, je le comprends ensuite par des mots, des attentions, estiment que nous sommes comme une famille.

Chère Madame,

... Au fond, au stade où je suis arrivé, je me fous d'avoir raté ma vie sociale. J'ai cru longtemps que je serais toujours mieux tout seul, puisque j'avais ces problèmes avec les autres. Mais je me suis dit que la seule aventure que j'aimerais tenter, et pourquoi pas réussir, serait celle d'une relation amoureuse accomplie. Pas uniquement sexuelle. Ça, je me débrouille. Je parle d'une histoire qui dure avec une femme qui m'écoute, m'entende, me comprenne et se prolonge en douceur tout le long de ce qui me reste à vivre,

sans que je sente peser sur moi un regard éberlué, et parfois apeuré.

Chère Madame de Kermadec,

... En simple et entière honnêteté avec vous et moi-même, tout au long de la lecture de votre livre j'ai eu l'impression que vous décriviez la caricature de ma personne et de situations vécues. En résumé, on pourrait dire que je suis un paradoxe à moi-même, toutes les exceptions incluses – femme, homosexuelle et étrangère. Je m'étais même résolue au fait de devoir avoir certaines tendances d'autisme dans une mesure pour moi acceptable parce que contrebalancées par le fait que je mène une vie globalement heureuse et comblée. Certes les variations entre hauts et bas sont bien prononcées, mais jusque-là j'arrive à bien m'en sortir à la fin et les séquelles servent de leçons pour la suite. Au-delà, et ceci est loin d'être négligeable, je peux m'estimer heureuse de dire d'avoir des vrais amis. [...] J'admets tout de même que mes relations amoureuses sont pour les meilleures sans grand succès et pour les pires, de vraies catastrophes. Culminant avec un mariage pathétique et assez douloureux d'une longévité exceptionnelle de neuf mois...

Madame,

« Diagnostiqué », si j'ose employer ce mot, comme « zèbre », je n'ai trouvé dans cette conclusion à mes tests aucun soulagement. J'ai 45 ans. Ma vie sentimentale est un désastre. Je ne comprends pas ce que les femmes attendent de moi et très vite, s'il arrive qu'une relation se prolonge un peu (une semaine ou deux, jamais plus, la rupture survient alors, et de leur fait), j'ai la sensation de vivre avec une

parfaite étrangère. J'entends ce mot au sens premier – quelqu'un qui vient d'une autre partie du monde, ne parle pas ma langue, n'a pas la même culture. J'ai dernièrement été séduit par un homme. Mais, hormis des relations sexuelles satisfaisantes car dans un premier temps elles semblaient rester parallèles à ma vie et à mes projets, comme si elles n'impliquaient pas ma personne, j'ai fini par rencontrer les mêmes difficultés de communication et d'échanges réels avec ce garçon lorsqu'il a souhaité qu'on continue à se voir ailleurs que dans les vestiaires du club de sport.

Chère Madame de Kermadec,

Au fond de moi c'est : abandon, solitude, erreur de casting. Je ne me sens jamais à ma place, et j'ai peur des autres. J'ai peur de moi. J'ai peur du changement. Je suis bloquée dans l'action. J'ai 55 ans. Je suis mariée depuis trente ans avec un homme qui m'encourage lorsque je suis au plus bas, et brise mes élans lorsque je retrouve mon équilibre et que je sors la tête de l'eau. Jeune, j'ai eu le malheur d'accepter d'être testée et mes résultats – sur lesquels j'ai de plus en plus de doutes – ont établi que j'étais « zèbre ». J'ai eu le malheur supplémentaire de le révéler à mon mari. Je suis devenue l'objet de plaisanteries sur le sujet qui m'ont amusée au début, mais qui me sont devenues odieuses. Et pourtant, il n'y renonce pas. Ma fille m'a demandé un jour pourquoi je ne divorçais pas. Je n'en ai jamais eu l'idée : élever, chérir mes enfants a été le sens de ma vie, et a capté toute mon énergie. Je vous écris parce qu'ils vont quitter la maison pour poursuivre leurs études dans quelques mois et je suis terrorisée à l'idée de me retrouver en tête à tête avec mon mari.

Vous reconnaissez-vous dans les extraits de ces lettres, que je reçois de plus en plus souvent ? Ces confessions et ces demandes d'écoute qui ont pour socle commun un sentiment terrible de solitude sentimentale ? Chez la plupart de ces patients, ce n'est plus la différence qu'induit la surefficience intellectuelle qui fait souffrir, mais sa conséquence, vécue comme la plus dramatique, de n'être jamais « ensemble » avec une ou un autre. La douleur naît alors de l'impossibilité de rencontrer son altérité, cette moitié promise dans les contes et les mythes et que beaucoup, parvenus à l'âge adulte, trouvent un jour. Beaucoup, mais pas les signataires de ces missives, qui appartiennent la plupart du temps à la catégorie des adultes surefficients intellectuellement.

De là l'idée de ce livre, que j'ai focalisé sur ce « qui fait courir le monde » : l'amour et ses promesses d'harmonie, de partage, d'entente. L'amour qui donne à ceux qui le vivent le sentiment d'être « enfin » compris, enfin écoutés, enfin entendus.

Vous le savez, je l'ai écrit, ce qu'induit en premier lieu la douance, c'est ce sentiment parfois insurmontable de différence avec les autres. L'impression d'être un extraterrestre, une Martienne – c'est d'ailleurs sous ce vocable que le philosophe Alain nommait affectueusement la philosophe Simone Weil dont l'hyperacuité intellectuelle stupéfiait ses contemporains, élèves et professeurs. Or cette différence induit une souffrance aiguë parce qu'elle implique que nos codes de communication avec notre entourage ne coïncident pas, lorsque nous prenons conscience que nous ne pensons pas de la même manière que ceux qui charment, ceux que tout le monde écoute en société, ceux qui font rire, ceux qui sont les pivots des groupes d'amis et des associations. En conséquence, ce décalage accroît les distances parce que nous agissons ou réagissons plus à contretemps encore, à contre-pied, et notre différence avec les autres s'en trouve aggravée. Quelle blessure alors !

Les individus doués de surefficience intellectuelle sont particulièrement exposés à cette souffrance, je l'ai exposé dans mes précédents livres. Mais il est un domaine où cette souffrance est exacerbée, car elle touche à la fois l'influx vital et la psyché profonde – c'est la relation amoureuse.

La difficulté que le surdoué, homme ou femme, éprouve dans l'établissement d'un lien avec l'autre est sensiblement augmentée dans le cadre d'une relation amoureuse. C'est que, comme pour le reste de la population, la sexualité, la construction d'un couple, l'établissement d'une famille, engendrent un sous-texte et des comportements qui diffèrent de ceux qu'on entretient par ailleurs. De là les nombreux motifs de malentendus, de quiproquos, et d'échecs amoureux. Car ce qui vaut dans une relation professionnelle ne fonctionne pas en amour.

Mon expérience de clinicienne et les nombreuses missives que je reçois, dont je vous ai exposé quelques extraits, qui me semblaient très représentatifs de ce que j'entends dans mon cabinet, m'ont fait prendre conscience de la spécificité des demandes de mes patients en matière amoureuse.

Hommes ou femmes, il leur semble plus difficile encore de réussir une relation amoureuse qu'une carrière professionnelle. Leur sentiment d'échec est d'autant plus cuisant que les « recettes » préconisées à leur usage pour la carrière s'avèrent sans secours en amour – un domaine où l'échange avec l'autre est modulé dans des variations infinies.

En amour, il est en effet question d'intimité, de rapport avec son corps, avec le désir et le plaisir, avec le narcissisme et l'apparence, avec la question de la confiance en soi et de l'estime de soi, autant de thèmes où le surdoué se démarque plus largement encore des autres.

Par ailleurs, les surdoués ont établi le schéma d'un couple idéal, fondé notamment sur le dialogue et sur la préservation de la liberté de l'autre, qui s'accorde difficilement avec les modes de vie à deux qui prédominent dans la société moderne.

De là que les périls qu'affrontent les surdoués dans leur relation amoureuse sont diamétralement différents de ceux des couples standard. (Ainsi l'ennui, ainsi encore la liberté par rapport aux normes imposées par la société, leur incompréhension des préjugés ou la difficulté à jouer avec les mots et les formules utilisés dans la relation amoureuse.) De là les malentendus, les ruptures, les blessures narcissiques et les enfermements. De là la sensation d'être voué à jamais à une solitude abyssale.

Enfin, il y a des spécificités hommes et des spécificités femmes dans ce groupe d'individus à part. Notamment dans leur rapport avec la parenté, dans leur rapport avec l'homosexualité, avec l'amitié, dans leur rapport avec l'idée d'un « standing » social du couple.

Voilà ce que j'ai désiré exposer dans ce nouveau livre, que j'ai écrit pour vous, les « surdoués », afin que vous vous compreniez mieux quand il s'agit de parler d'amour, mais encore pour vous permettre de repérer et d'éviter les pièges qui vous guettent, vous, et vous en particulier ; enfin pour vous aider à réussir votre couple, voire une vie de couple harmonieuse. Bref, vous offrir un soutien lorsque vous vous demandez qui aimer, et comment aimer.

1

Les surdoués confrontés à la relation amoureuse

Il faut le dire sans détour : pour les adultes surefficients, la relation amoureuse est celle de tous les dangers. Elle révèle, comme l'acide sur la plaque de cuivre des eaux-fortes, les traits profonds, incisifs du surdoué. Sentiment dévorant, capable parfois d'anéantir littéralement celui qui le vit, fondé sur des élans irrationnels, l'amour met au rouge toutes les caractéristiques du surdoué : son imagination, son hyperémotivité, ses prédispositions exceptionnelles à l'enthousiasme comme au désespoir, son empathie, son perfectionnisme et son désir d'idéal. Il n'est qu'à citer le cas de la poétesse Anna de Noailles, qui a publié son premier recueil à l'âge de 25 ans et qui fut acclamée par les plus grands écrivains de son temps, de Paul Claudel à Paul Valéry, de Frédéric Mistral à François Mauriac. Cette jeune femme, à l'intelligence étincelante, polyglotte, créatrice du prix Vie heureuse qui deviendra le fameux prix Femina, est morte d'amour. Surdouée, la comtesse de Noailles ? Assurément.

Je suis certaine que mes patients en surefficience intellectuelle se reconnaîtront dans ces descriptions, signées des noms les plus prestigieux qui soient : l'intelligence brillante, étourdissante et parfois terrifiante pour les partenaires, au risque de les blesser par son ironie ? : « Elle était plus intelligente, plus malicieuse que personne[1]. » L'explosion des désirs et des projets les plus ambitieux ? : « Elle voudrait la croix, l'Arc de Triomphe, être Napoléon [...]. Elle aurait dû épouser le soleil, le vent, un élément[2]. » L'hypersensibilité jusqu'à la synesthésie ? : « Achevé le roman : *Le Visage émerveillé* [...] pour la forme, il y a là du nouveau, des instantanés, et des inattendus. Des sensations qui deviennent des sentiments. Des couleurs, des saveurs, des odeurs prêtées à ce qui n'en avait pas jusqu'ici[3]. » L'arborescence de la pensée, les idées qui s'enchevêtrent, se chevauchent, laissent les auditeurs sur la touche et rendent le dialogue difficile, voire impossible ? : « Impossible de rien noter de la conversation. Mme de Noailles parle avec une volubilité prodigieuse ; les phrases se pressent sur ses lèvres, s'y écrasent, s'y confondent ; elle en dit trois, quatre à la fois. Cela fait une très savoureuse compote d'idées, de sensations, d'images, un *tutti frutti* accompagné de gestes de mains et de bras, d'yeux surtout qu'elle lance au ciel dans une pâmoison pas trop feinte, mais plutôt trop encouragée[4]. »

Cette dilatation des sens, de l'intelligence, Anna de Noailles l'a vécue à l'identique dans le cadre de son intelligence relationnelle. Ses affects en portaient la marque. Elle a entraîné les hommes qui l'ont aimée aux cimes de l'ivresse, mais aussi du désespoir lorsqu'elle les a quittés. L'un d'entre eux s'est suicidé : l'écrivain Charles Demange, surdoué lui aussi sans aucun doute, et avec qui elle s'était contentée de flirter, se tuera en lui laissant une lettre qui dit tout de ce qu'elle était capable de susciter : « Je vous ai follement aimée. Votre amitié était le mieux que je puisse rencontrer sur terre. Merci – et merci à mon oncle qui m'a fait vous connaître. » Anna de Noailles est morte de mélancolie après avoir perdu sa sœur bien-aimée. Le tourment de cette perte à ses yeux irréparable l'a consumée. Elle était consciente de mourir d'amour, et que cette mort, alors qu'elle semblait en parfaite santé comme l'ont prouvé les nombreuses analyses médicales qu'elle avait subies, était née de son ardeur surhumaine à aimer et de son impossibilité à surmonter son chagrin. Elle l'avoua d'ailleurs calmement à une amie venue la visiter, à ses dernières heures : « Aucun organe essentiel n'est atteint chez moi, et cependant je m'en vais. Je meurs de moi-même. »

Mourir de soi-même

Parler d'amour pour les surdoués reste un exercice difficile, et en dénouer les connexions avec leurs différences spécifiques, leurs excès et leurs manques se révèle douloureux. C'est un travail qui exige d'eux une longue introspection, un retour aux sources jusqu'aux profondeurs de l'enfance. Cela tient à ce que ces êtres complexes se retrouvent confrontés à un sentiment extrêmement complexe lui aussi, sans doute le plus complexe de tous car il s'appuie sur d'infinies combinaisons, et met en jeu des composantes étrangères les unes aux autres : l'attirance de l'un pour l'autre, qui peut être exclusivement physique ou composée d'affinités électives ; le désir sexuel qui peut s'exalter ou disparaître selon la qualité de la jouissance découverte ensemble ; et enfin le plaisir narcissique qui engendre le sentiment puissant d'exister – et parfois d'exister pour la première fois.

Par ailleurs, c'est à travers le regard de l'autre, et par le regard de l'autre, que l'amoureux éprouve le sentiment enivrant d'être pleinement au monde, et de vivre chaque instant qui passe avec une intensité inconnue jusque-là.

Comme les enfants, les amoureux *sont* pleinement dans la minute qu'ils vivent. Ils ne l'hypothèquent pas avec les projections permanentes qui remplissent habituellement notre quotidien. Les voilà, d'un seul coup, bientôt le ou la *préféré(e)* de quelqu'un, et ce peut être, pour certains, une expérience tout à fait inédite. Ils pourront exister dans et par le regard de leur élu(e).

Or l'intensité, les surdoués ont un talent certain pour la ressentir dans à peu près tous les aspects de leurs rapports avec le monde. En amour, il s'agira dès lors, pour eux, plutôt d'une *surintensité*, assortie d'une attente proportionnée à cette ardeur. Si, comme le disait Jacques Lacan[5], « aimer c'est essentiellement vouloir être aimé », alors les surdoués le veulent avec une force sans commune mesure avec le commun des mortels. Leur attente est impérieuse ; leur impatience débordante. Toutefois, l'expression de leur ardeur dépendra de leur caractère profond : s'ils sont d'une nature extravertie, ils la manifestent, au risque d'effrayer celui dont ils réclament l'amour, comme le résume le témoignage d'Alexandra, 55 ans :

> Je suis consciente d'avoir épuisé mon premier mari dans mes demandes d'une présence forte, permanente à mes côtés. Au début de notre relation et de notre mariage, ce qu'il appelait ma « passion » pour lui l'a séduit, et je crois même flatté. J'avais la réputation d'être extrêmement intelligente, un « zèbre », ce qui a été confirmé par le test qu'il m'a demandé de faire, agacé par ce qui lui semblait, de ma part, de la fausse humilité : avant cela, il m'appelait « mademoiselle pêche les compliments ». Parfois, le désir de lui dire mon amour me brûlait. Je voulais désespérément qu'il en comprenne la force. Dans ses bras, j'avais des tremble-

ments. J'aurais aimé le dévorer pour nourrir le besoin que j'avais de lui. J'aurais aimé qu'il quitte son emploi pour se lancer dans une aventure professionnelle à deux avec moi, comme on en avait fait le projet lors de notre rencontre – quelque chose de fou, de drôle, d'inouï comme j'estimais que devait le rester notre amour. Il a cru que mon rêve manifestait l'envie malsaine de le capter tout entier et de l'emprisonner, et que mon exigence de l'avoir près de moi était de la jalousie, ce qui n'a jamais été le cas. Comment aurais-je vu d'autres personnes autour de lui, puisque je ne voyais que lui, et que je ne me sentais accomplie qu'en sa présence ? Il s'est petit à petit agacé, renfermé. Il m'a dit que je l'épuisais, qu'il ne comprenait pas mes attentes – que j'étais anormale. Et nous avons divorcé. Ça a été un ouragan dévastateur dans ma vie. Nous avons eu le temps d'avoir deux enfants. Je ne sais pas comment je vais faire. Ils ont terminé leurs études et tous les deux partent pour l'étranger. Ma fille, qui avait le choix de rester à Lyon, m'a dit qu'elle avait besoin de prendre ses distances, qu'elle m'adorait, mais que je l'étouffais. Je sais qu'elle a raison. Qu'ils ont raison, mais comment font-ils pour aimer si… si platement ?

Et puis il y a les introvertis, ceux qui semblent n'avoir aucun affect. Ils sont verrouillés à l'extrême. Lorsqu'ils rencontrent l'amour, ils réagissent comme les extravertis : ils sont dévastés par une sorte de bouillonnement intérieur, un feu qui peut les brûler jusqu'à la dépression et la haine d'eux-mêmes. Ils voudraient avouer leur amour, mais n'y parviennent pas ou lorsqu'ils ont tenté l'expérience, ce fut le plus souvent un échec.

Enfin, les jeux de l'amour ne sont pas seulement dus à ceux du hasard. Ils passent par un éventail de stratégies de séduction, de pas de deux, d'esquives, de jeux de cache-cache.

2

Bref rappel des faits

J'ai largement exposé, dans mes livres précédents, ce qui fait la spécificité de la douance mais je n'aurais pas pour autant la prétention de croire que tout le monde les a lus. Je me vois obligée de rappeler brièvement les points qui concernent le domaine affectif, et qui ont une incidence certaine sur le comportement amoureux. Cet éclairage est essentiel pour comprendre les développements qui vont suivre. Quant à ceux qui connaissent déjà ces particularismes, ils trouveront peut-être un intérêt à ce que je rafraîchisse leur mémoire.

Déjà, gardons à l'esprit que lorsque j'évoque le quotient intellectuel, c'est selon les mêmes critères et les mêmes définitions pour tous mes patients, sans distinction de sexe ou d'âge. Ils passent d'ailleurs les mêmes tests, et les résultats sont lus sur les mêmes échelles. Néanmoins, il existe des singularités propres à chaque sexe. Non pas des particularités intrinsèques – particularités que toutes les femmes ou que tous les hommes posséderaient et qui les différencieraient radicalement de l'autre sexe – mais des particularités du fait du regard de la société sur les individus, qui, lui, est différent lorsqu'on est un adulte à haut potentiel homme, ou un adulte HP femme. Il y a enfin les particularités dues à l'éducation que reçoivent les enfants selon qu'ils sont garçons ou filles. La question du «*gender*», qui agite aujourd'hui les féministes dans le monde entier, comme les combats autour de l'écriture inclusive, dit assez combien cette différence de traitement reste une réalité, voire un enjeu dans nos sociétés, même si l'inégalité est moindre. Aujourd'hui, dans les sociétés occidentales, les filles se sont prises en main et elles sont très souvent déterminées à passer haut la main la sélection des études. Leurs parents ne les excluent plus systématiquement de leurs projections idéales quand ils rêvent à la réussite de leurs enfants. Il n'empêche que les inégalités subsistent, qu'on retrouve dans les traitements, au sein des entreprises. Loin de moi l'idée d'entrer tambour battant dans le champ des revendications, ni dans les luttes anti-patriarcat, ni dans le désir de débusquer les formes nouvelles du sexisme ou de la misogynie qui peuvent sévir dans notre société. Pour autant, on ne peut pas les esquiver. La dévaluation dont souffrent d'emblée les femmes[1] quand elles atteignent les sommets des hiérarchies professionnelles aggrave souvent la mauvaise estime qu'elles ont naturellement d'elles-mêmes, et plus encore chez les surdouées !

Par ailleurs, il existe des caractéristiques de la douance plus marquées chez la femme à haut potentiel que chez l'homme à haut potentiel. Il faut les comprendre en gardant en tête que contrairement à ce que l'on pense généralement, la « douance » n'a que peu à voir avec un chiffre de QI : les tests permettent d'évaluer la douance, ils ne la définissent pas. La douance, c'est surtout une manière différente de réfléchir, d'appréhender le monde, un regard curieux qui interroge et qui questionne, en permanence. Une façon tout à fait originale et singulière d'aborder les problèmes et de leur trouver des solutions. Dois-je en rappeler les caractéristiques ?

Par rapport à la norme, l'être surdoué perçoit et ressent « plus ». Sa pensée est dite arborescente, du fait qu'elle se développe suivant plusieurs chemins à la fois, sans que ces chemins aient un lien logique entre eux – nous verrons comment, au cours d'une discussion d'ordre affectif, cette arborescence pleinement à l'œuvre peut compliquer, voire parfois interdire le dialogue avec certaines personnes.

Sur le plan émotionnel, ce sont des gens hypersensibles, ce qui signifie que leurs réactions aux événements extérieurs sont amplifiées par rapport à une personne normale.

Ils débordent d'énergie, qui peut se traduire par une hyperexcitabilité comme une capacité de concentration au-delà de la moyenne. Ils ont un grand appétit et une grande capacité pour l'apprentissage, et ce tout au long de leur vie.

En ce qui concerne l'intelligence relationnelle, les surdoués se caractérisent par un sentiment de différence et de décalage, qui peut être assumé ou non, ainsi que par un fort sentiment d'empathie.

En règle générale, ils sont extrêmement créatifs, en ce sens qu'ils associent des idées et concepts que le commun des mortels n'aurait pas croisés. Enfin, du point de vue de l'éthique, la plupart des individus surdoués placent très haut leurs objectifs et, quand il s'agit de mettre des projets en œuvre, ils incluent toujours les implications et les conséquences morales de leurs décisions. Cela vaut pour leurs engagements affectifs, nous le verrons plus loin. En général, femmes ou hommes, les adultes à haut potentiel (HP) sont des êtres entiers et cohérents, perfectionnistes, sensibles à l'injustice, et qui ont besoin de répondre à la quête de sens et de vérité qui anime leur vie.

Il existe néanmoins des variantes selon le sexe – je les ai exposées en détail dans mon précédent ouvrage[2]. Je rappellerai ici, parmi les traits généraux de cette douance, ceux qui sont exacerbés chez l'homme HP et chez la femme HP, ce qui peut créer dans les relations des couples de surdoués un surcroît de difficultés d'entente. Et plus encore dans les couples dont la ou le partenaire n'est pas à haut potentiel.

Les traits caractéristiques plus marqués chez l'homme surdoué

L'indépendance

Habitués à faire les choses « à l'envers » à cause de leur façon particulière d'appréhender les problèmes, les hommes surdoués ont pris l'habitude, dès l'enfance, de se démarquer du groupe et d'agir de leur côté, avec leur méthode, au contraire de beaucoup de petites filles qui chercheront avec anxiété à se conformer à la norme générale et à faire des efforts de souplesse pour s'adapter aux comportements d'autrui. Il faut entendre cette indépendance du surdoué comme un « trop ». Le surdoué ne pense pas « groupe » et ne sait pas déléguer. Absorbé par sa logique propre, conforté par sa rapidité d'analyse, il a tendance à décider seul, et à critiquer vertement ce qui ne lui paraît pas pertinent.

Ses partenaires lui reprochent souvent un manque de concertation dans les décisions de la vie de couple ou bien, a contrario, une absence d'intérêt pour les questions qui se résolvent d'habitude à deux. Selon qu'il sera d'un caractère impétueux et extraverti, ou au contraire introverti et réservé, il traduira cette hyperindépendance par de l'autorité parfois cassante, péremptoire dans le premier cas ou bien, dans le second cas, par un isolement, un désintérêt qui frise, pour ses partenaires, une attitude qu'on assimile dans le langage courant à de l'« autisme ».

Le goût du risque

Intenses de nature, les hommes HP recherchent souvent les sensations fortes, les expériences extrêmes. Ils aiment trouver et repousser leurs limites. Ils adoptent alors des conduites à risque et des comportements paradoxaux, qui effraient leur entourage. Amateurs de sports extrêmes, de vitesse, de tensions, ils peuvent aussi manifester leur goût pour l'excès dans la consommation d'alcool et de drogues et conçoivent mal de renoncer à ces comportements qu'on considère comme addictifs, mais qui chez eux traduisent l'expression même de leur douance et de leur intensité à vivre. Car il ne s'agit pas de faire du sport pour le sport, mais à la fois de défier les règles, et de se défier soi-même. Dans ces conduites singulières, le surdoué peut jouer enfin avec ses propres règles, taillées à sa convenance dans un espace de liberté que personne ne peut venir lui disputer.

Les besoins sexuels

C'est un sujet de plaintes qui revient souvent chez mes patients : leur appétit sexuel est souvent perçu comme démesuré, voire « anormal », et cette activité amoureuse ne trouve pas toujours de réponse encourageante chez leurs partenaires, lassées par leurs demandes qu'elles estiment insatiables. Cet aspect de l'hypersensorialité du surdoué n'est pas une exclusivité masculine, mais on la rencontre plus souvent chez les hommes HP que chez les femmes HP, comme si, chez ces premiers, il pouvait y avoir une compensation sexuelle à l'hyperactivité intellectuelle. Beaucoup de mes patients m'avouent mettre sur le même plan la libido et la mise en action satisfaisante de leurs réflexions, comme si celles-ci trouvaient leur source justement dans la libido. Ils décrivent le plaisir à voir leurs travaux aboutir, le problème théorique qui les préoccupait résolu, comme une jouissance d'ordre sexuelle. Ils avouent que le seul moment où leur activité cérébrale se repose tout à fait, en dehors du sommeil, est celui de l'acte d'amour.

De la même façon que, chez les grands mystiques, l'extase à laquelle mènent les prières se manifeste chez eux par des orgasmes. Saint Jean de la Croix se plaignait des érections qu'il avait dans ses colloques avec Dieu… Il est par ailleurs bien connu des sexologues que les amants les plus vigoureux ne sont pas les travailleurs manuels, mais les intellectuels.

L'hyper-maîtrise des émotions

L'extrême sensibilité émotionnelle des surdoués en général est souvent sanctionnée chez les garçons à qui on demande dès l'enfance de se conduire avec virilité. On comprend mieux d'une fille que d'un garçon qu'une musique puisse la bouleverser aux larmes ; qu'elle soit littéralement effondrée par le malheur d'autrui, ou touchée jusqu'à la moelle par la beauté d'un tableau ou d'un poème. Manifestée chez un garçon, cette hypersensibilité émotionnelle inquiète plus souvent les parents qu'elle ne les émeut. Quand le garçon la manifeste, elle est plus ou moins sévèrement réprimée par ses parents : « Cesse de pleurer comme une fille », leur est-il intimé. Avec le talent qu'on leur sait, ces garçons développent ainsi une maîtrise absolue de leurs émotions, qu'ils apprennent à refouler pour qu'elles ne les débordent pas en permanence, jusqu'à en nier la réalité, ou à se les interdire. Aux yeux de ses proches, et plus encore de ses partenaires, le surdoué donne alors l'impression d'un être froid, totalement dépourvu d'affects, voire de besoins affectifs. Il comprend difficilement que les gestes de tendresse et d'empathie amoureuse que réclament leurs partenaires soient pour elles une preuve et un geste d'amour, alors que ses propres parents dont il se savait aimé ont exigé, lorsqu'il était enfant, qu'il se maîtrise et cadenasse ses émotions par trop débordantes. Il s'agit aussi pour lui de mettre à distance la source de ses émotions afin de se protéger des dangers d'une submersion affective totale. On assiste ainsi à une sorte de schizophrénie émotionnelle – j'emploie ce terme dans son acception commune et non pas clinique – entre la vérité et la réalité des sentiments, et l'absence de manifestation affective.

Le caractère infantile

Il y a un côté grand enfant poussé sur pied chez les hommes surdoués qui ont une prédilection pour les jeux, les énigmes, les maquettes… tout ce qui occupe leur cerveau en hyperactivité et à quoi ils prennent un grand plaisir – à la façon, semble-t-il à première vue, des enfants. Depuis leur enfance, ils ont pris goût à ces activités qui leur permettaient de rester à l'abri dans leur monde, sans que leurs parents en soient inquiets. On s'enorgueillit toujours d'un fils passionné par l'astronomie, les échecs, la composition musicale ou les puzzles ou les problèmes mathématiques. Ces jeux et ces activités sont des éponges parfaites pour endiguer leur côté compulsif, satisfaire leur besoin de faire fonctionner leurs neurones tout en analysant leur fonctionnement. Cette attitude tout à fait caractéristique de l'adulte surdoué est jugée infantile par les partenaires amoureux s'ils ne sont pas eux-mêmes surdoués. Comment peut-on gaspiller ses heures de loisir à faire des jeux quand il faut résoudre toutes les questions de la vie domestique, que le surdoué répugne d'ailleurs à aborder, tant elles lui semblent mortellement ennuyeuses ? Le sens des hiérarchies et des priorités du surdoué n'est hélas pas celui des individus « normaux », et il ne procède pas à des choix selon un critère d'urgence ou d'intérêt général, puisqu'il aborde toutes les questions en même temps, les traite en même temps, non pas selon la réponse pratique attendue, mais selon le concept que la question recouvre, sa mise en équation par rapport à d'autres concepts. Il ne pourra pas s'en empêcher.

Par ailleurs, le surdoué, quand il s'absorbe dans ses jeux de réflexion avec l'intensité, l'arborescence de la pensée et l'attention qu'on lui connaît, a besoin de se reposer, de s'extraire de la vie commune. Il ne s'agit pas pour lui de refuser de partager du temps, mais de reposer son cerveau des sollicitations permanentes qu'il subit. Et c'est rarement en prenant dans ses bras l'être aimé et en l'interrogeant sur sa journée qu'il y parvient. Ni en participant aux tâches communes que lui suggère sa partenaire.

L'instabilité

Elle est un effet secondaire de l'arborescence de sa pensée alliée à son imagination. Mille choses l'intéressent. À peine conçoit-il un projet qu'il engendre une autre idée et dans la seconde un nouvel objectif qui peut sembler tout à fait contraire. Les surdoués, s'ils ne se recroquevillent pas au terme de situations d'échecs répétés, sont tout à fait capables de tout remettre en question du jour au lendemain, et de se réinventer dans un domaine aux antipodes de celui dans lequel ils excellaient. Ce n'est ni la convoitise ni un besoin de s'enrichir davantage qui meut le surdoué dans ses sur-entreprises, mais le besoin de répondre aux défis que son cerveau lui lance en permanence. Il veut tout choisir, tout essayer et ne craint jamais de se remettre en question.

L'acteur James Wood est un nom qu'on aime citer pour illustrer ce nomadisme professionnel, rude à comprendre et à accepter pour le ou la partenaire, s'il ou elle n'est pas à haut potentiel pour sa part. Cent fois primé, James Wood était si brillant qu'il a accepté de se plier à un test d'évaluation du quotient intellectuel. Résultat : 166 de QI[3]. Ceci explique cela : encore collégien, James Wood suivait les cours de doctorat de mathématiques de l'université de Los Angeles. Puis il a décidé d'être aviateur et il est entré à l'US Air Force pour une formation de pilote de chasse, formation qu'il n'a pas menée à terme. Il a aussitôt changé d'horizon : détenteur d'une bourse d'études au prestigieux MIT (Institut de technologie du Massachusetts), il a « presque » obtenu ses diplômes en sciences politiques. Au terme de quoi, il a embrassé la fructueuse carrière d'acteur que l'on sait, « juste pour se prouver qu'il pouvait être bon, aussi, dans un secteur tout à fait différent ».

Il y a encore le cas de l'Américain Rick Rosner, détenteur d'un QI de 192, note excellente. Avant d'être le scénariste le plus prolixe et inventif de Hollywood, il fut écrivain, strip-teaseur, modèle nu et serveur. Mais derrière cette intelligence étonnante, cette prolixité, se cache l'attente d'une âme sœur, et le rêve de rencontrer l'amour, et l'amitié. Pour cela, pour « avoir des amis et trouver une petite amie », Rick Rosner avait déjà redoublé par trois fois sa dernière année de lycée.

Incomprise dans ses origines, cette instabilité est parfois généralisée dans l'esprit du partenaire, qui craint que le surdoué n'applique cette remise en question permanente dans le domaine amoureux.

La divergence avec le modèle masculin

Les femmes HP ne sont pas les seules à souffrir d'un décalage entre l'archétype de la femme, auquel la culture et la société leur demandent de se conformer, et leur perception personnelle de leur féminité. Les hommes HP ressentent le même « dérapage » entre image idéale, et la réalité de leur être. Ce décalage prend une importance prépondérante dans les rapports amoureux. Contrairement au commerce avec les autres en amitié, dans la société ou dans le monde professionnel, les relations amoureuses instaurent immédiatement tout un sous-texte, et tout un langage (nous y reviendrons) qui code les attentes du partenaire.

De plus, dans toute rencontre amoureuse, les enjeux de la maternité et de la construction familiale se mettent immédiatement en place, et parfois de façon inconsciente chez l'une ou l'autre, ou, tout du moins, informulée. Bien sûr, nous le verrons plus loin, il existe des couples qui, d'emblée, n'envisagent leur relation que sur le plan sexuel, et se sont mis clairement d'accord sur ce sujet. Mais ils sont rares. Dès lors, lorsqu'il est question d'entamer une histoire à deux, l'individu est considéré non seulement sur ses qualités d'homme, mais encore sur ses potentielles aptitudes à être père. De là qu'on projette sur lui des standards, véhiculés par l'éducation, le milieu social et la culture ambiante.

Or, s'il peut tout à fait comprendre ces exigences, l'homme HP a souvent des difficultés à s'y adapter. Déjà sur la réussite sociale, les situations de pouvoir, auxquelles il n'attache, par nature, aucun crédit. Briller en société, réussir n'est pas ce qui le motive au premier chef – mais se dépasser, se défier, se réaliser assurément. Ils ont une prédilection pour le qualitatif, très rarement pour le quantitatif; or on attend souvent du jeune chef de famille une ambition professionnelle manifestée par une position sociale. On lui reprochera alors, et très vite, de n'avoir aucun souci de l'avenir de sa famille et de son bien-être… « Égoïste » : c'est une critique qu'il entend souvent dans son couple, si sa partenaire ignore la douance de son conjoint et les particularités qui s'y attachent.

La possibilité de s'abandonner *entièrement* dans un rapport de confiance et de tendresse que le surdoué espère de sa relation se heurte souvent à l'image du surhomme, sans fragilité, sans sensibilité exacerbée, et manifestant force et résolution. Un homme de carrure capable de tenir d'une main ferme les rênes de sa famille ; un homme sans états d'âme, sans trop d'idéal personnel à mettre douloureusement dans la balance avec l'équilibre et les objectifs de sa famille, un homme qui serait parfaitement à l'aise en société. Qui plus est, si par malheur, à cause de sa douance, l'homme a connu un parcours scolaire désastreux, une insertion professionnelle chaotique, ses difficultés avec les partenaires potentielles sont décuplées… C'est que la souffrance, qu'il a déjà vécue dans son enfance et son adolescence, se ravive avec le sentiment qu'il est de nouveau en situation d'échec sur le plan affectif. Comme il n'a pas su être le fort en thème qu'on attendait de lui, il ne sera pas davantage le mari idéal qu'attend sa partenaire, et tout le cercle familial autour d'elle.

Les traits caractéristiques plus marqués chez la femme surdouée

L'hypersensibilité

C'est le premier caractère que mes patientes, ou leurs conjoints, abordent en consultation. Comme des éponges, les femmes à haut potentiel absorbent tout : les émotions des autres, les bruits, la lumière… Ce n'est rien de dire que ce sont des êtres hypersensibles. Mais plutôt que de contrer et d'interdire la manifestation publique de leurs émotions, comme l'homme surdoué, les femmes surdouées y donnent libre cours. Leur hypersensibilité s'assortit en général d'une empathie décuplée, qui les associe corps et âme à la douleur qu'elles voient à l'œuvre autour d'elles. Elles sont nombreuses à sombrer dans des dépressions existentielles, qui parfois peuvent les conduire à la consommation de drogues ou au suicide. J'évoque là des cas extrêmes, mais cette propension à l'empathie se remarque aussi dans le choix de leurs carrières. Parmi mes patientes, beaucoup travaillent dans le secteur de l'éducation, qu'il s'agisse de la petite enfance ou de l'enseignement supérieur. Beaucoup s'intéressent à la psychologie et finissent par la pratiquer. Vouloir aider, se sentir utile aux autres, soulager la douleur du monde ont souvent été les raisons motrices de leur choix.

On pourrait rétorquer que les femmes sont statistiquement majoritaires dans ces branches de métiers, qu'il est donc logique d'y retrouver aussi les surdouées. Certains exemples me font penser différemment. Puisque le sujet y invite, je citerai Leta Hollingworth (1886-1939), psychologue spécialiste des questions d'éducation qui fut une des pionnières dans l'étude de la douance chez les femmes.

L'auteure de *Gifted Children* a choisi de poursuivre des études de psychologie clinique quand sa carrière de professeur a été empêchée par son mariage. La ville de New York où elle venait de s'installer avec son mari interdisait aux femmes mariées d'enseigner. Plutôt que de partir ou de tout arrêter, elle a précisé son aspiration première et recommencé des études. Disons-le en passant : ni l'emploi du temps ni le statut de fonctionnaire n'avaient pesé dans son choix. Autre exemple que j'aimerais citer, celui de Natalie Portman, d'un QI de 140. En parallèle de sa carrière d'actrice, commencée très tôt, la jeune femme a mené des études de psychologie à Harvard, sur les enfants notamment. La raison pour laquelle son nom me vient à l'esprit est la manière qu'elle a de parler de son art : « Notre travail en tant qu'acteurs est l'empathie. Notre travail est d'imaginer à quoi ressemble la vie d'un autre ; si vous ne pouvez pas faire cela dans la vie réelle, si vous n'y parvenez pas en tant qu'être humain, alors bonne chance en tant qu'acteur. »

Pourquoi ce trait ressort-il tout particulièrement dans les rapports affectifs de la surdouée, par rapport au surdoué ? Je dirais que dans leurs jeunes années, les filles surdouées opposent moins de résistance aux ordres ou aux demandes qui les rebutent. À l'école, tandis que les surdoués garçons se rebellent, les petites surdouées obéissent et s'impliquent très consciencieusement dans leur travail. Elles ne se font pas remarquer de manière négative. Elles ont le souci de plaire aux parents, aux professeurs, de répondre à leurs attentes. Dès lors leur hypersensibilité s'enkyste. Elles deviennent plus attentives encore à la douleur d'autrui. Incomprise – comment toujours savoir, voire deviner que cet être est surdoué ? –, cette empathie « maladie » submerge tout, domine la perception du monde, et resurgit dans les relations avec les autres. C'est cette hypersensibilité, cette empathie qui poussera une femme à HP à tout abandonner de sa carrière pour accompagner un membre de la famille confronté à une épreuve difficile (échec scolaire, chômage, maladie…), et ce dans l'incompréhension totale de son entourage.

Le sentiment de différence

Il est souvent bien plus vif et douloureux chez la femme surdouée que chez l'homme surdoué. C'est une autre spécificité de la femme à haut potentiel. Qui mieux que cette jeune femme pourrait nous le faire comprendre ?

> J'ai souffert, des années durant. J'ai fait ma première dépression à 6 ans… je ne comprenais pas ce monde, et l'école me rejetait du fait de ma différence. Je pensais que j'étais autiste tellement je me sentais différente. J'ai eu un enfant à 24 ans… je me suis écroulée… et à partir de là, je me suis reconstruite, et aujourd'hui je suis forte et sereine. Dans mon travail j'accompagne des enfants surdoués… Ces enfants intellectuellement précoces qui ont 150 de QI et qui ne savent pas lire… et Dieu que je me sens utile quand je perçois qu'un lien parent/enfant est rétabli parce qu'on explique le pourquoi, parce qu'on donne des pistes pour s'adapter à la vie… parce que peut-être, je me dis que ces enfants-là n'attendront pas leurs 25 ans pour aller mieux. »
> *Alexandra, 35 ans.*

En général, la femme à haut potentiel se sent différente à cause de la fluidité et de la complexité de ses pensées. Cette différence, si personne ne l'aide à lui donner un nom, la plonge souvent dans un sentiment proche de la terreur.

Petites (avant l'adolescence), comme elles s'adaptent mieux ou se rebellent moins que les garçons à l'école, elles ont tendance à subsumer le malaise éprouvé et avec lui, leur sentiment de déroute intellectuelle, spirituelle et relationnelle. Plus mûres en moyenne que les garçons du même âge, elles mesurent avec une terrible acuité leur décalage d'attentes et d'aptitudes. Dotées d'une plus forte propension à comprendre qu'il faut se faire accepter (être bien avec la maîtresse, avec les camarades), elles développent ce que nous pouvons appeler « le complexe de la seconde » – et donc aussi un faux self, beaucoup plus précocement, et de façon bien plus ancrée, que les garçons surdoués. Or, je l'exposerai là encore plus en avant, le faux self est sans doute l'ennemi le plus féroce du couple, et de la construction d'une relation harmonieuse avec l'autre, que ce soit en amour ou en amitié.

À l'école toujours, les petites à haut potentiel restent très inquiètes de déplaire à leurs parents (ah ! l'inquiétude taraudante des surdouées !) et d'autant plus insatisfaites de leurs résultats que les parents ont tendance à moins s'investir dans la réussite des filles que des garçons, et à oublier de les féliciter à la hauteur de leurs succès. De cette inégalité d'estime, quand elles l'ont vécue dans leur fratrie, les femmes HP gardent le « réflexe » de s'effacer spontanément lorsqu'elles se trouvent en situation de concurrence avec les hommes. Là est sans doute l'explication de leur absence – ou de leur minorité manifeste – dans les hautes sphères du pouvoir. En amour, cette fragilité devient un poison. La dialectique à la base de tout dialogue amoureux ne peut être fructueuse que si chacun exprime ses positions et défend ses points de vue, sans chercher à établir de rapport de force. C'est ainsi que dans le couple, chacun construit son intimité, circonscrit son territoire et le préserve. Handicapées par leur propension à rentrer dans leur coquille à la moindre pression de leur partenaire, les surdouées instaurent malgré elles un déséquilibre dramatique dans leur couple dont elles sont les premières victimes, quand elles n'attirent pas, à cause de cette attitude, les tyrans domestiques, les violents ou les pervers narcissiques. Je développerai cet aspect dans un autre chapitre.

Cette fragilité, ce manque de confiance en soi est encore plus affirmé chez la surdouée diagnostiquée tardivement, à l'âge adulte. Lorsqu'elles sont repérées relativement tôt dans leur vie, ces jeunes femmes surdéveloppent rarement cet aspect de leur personnalité. Elles savent lui donner un nom, elles peuvent refuser de s'y soumettre. D'ailleurs, lorsqu'on les compare avec des jeunes filles normales, dès l'adolescence, les surdouées diagnostiquées font preuve d'un esprit de compétition et d'entreprise (prise de risque) bien plus aigu, de plus d'autonomie et, si elles n'abdiquent pas leur humilité, elles savent s'affirmer davantage. Pourquoi ? Parce que la jeune surdouée diagnostiquée aura appris à s'accepter elle-même, tandis que celle qui ne l'est pas passera sa vie à tenter de se faire accepter par les autres, et pour cela, développera de redoutables faux selfs[4].

L'intensité

Il faut entendre l'intensité dans le sens d'une hyperactivité cérébrale conjuguée à une hyperémotivité. Elle va de pair avec l'excitabilité. Elle est responsable des élans passionnés que manifestent les surdoués pour une idée ou une personne, mais aussi de leur quête de sens, d'absolu, de vérité. C'est une spécificité commune à tous les surdoués mais les femmes ont une manière particulière de l'exprimer :

Combien de fois je me suis dit : je suis trop, il faut que je baisse d'intensité.

Je réfléchis trop sur le sens de la vie. C'est trop lourd, après je n'arrive pas à dormir. *Sophie, 32 ans*

Elles sont « trop ». Cet adverbe résume bien la femme HP. Il aurait été plus juste de dire qu'elles sont « plus », mais ce n'est pas ainsi qu'elles sont perçues par leur entourage. Or cette intensité gêne souvent les femmes HP dans leurs rapports avec leur entourage, et plus particulièrement avec leurs proches – parents, compagnon, relations de travail quotidiennes. La puissance avec laquelle elles peuvent s'imprégner de l'atmosphère générale, ressentir les tensions ou les émotions d'autrui, comme la passion qu'elles sont capables de mettre dans la conduite de leur raisonnement paraissent disproportionnées. Elles sont taxées de lourdeur, on leur reproche un manque de légèreté et de savoir-vivre. On leur reproche d'être « fatigantes » à supporter à la longue. Et ceux qui s'en plaignent le plus sont ceux que les surdouées côtoient au quotidien.

Les questions qui les taraudent, toutes les lectures qu'elles font et qu'elles veulent partager, leur curiosité insatiable propulsent leurs proches hors de leur zone de confort. Pour une enfant ou une adolescente, s'entendre reprocher cette intensité augmente le sentiment de différence et peut la résigner au silence. Quant aux surdouées adultes, si elles parviennent à se faire une raison en milieu professionnel, elles s'affolent de l'incompréhension de leur compagnon, redoutant que son allergie à ces excès s'aggrave au cours du temps. Qui, mieux que cette jeune femme, a exprimé ce malaise au point de le poster sur mon blog :

> Existe-t-il des éclairages pertinents pour aider les conjoints/amis à comprendre/accepter nos exigences, notre quête interminable, nos attentes compliquées, nos angoisses ?... Apprendre à s'accepter, c'est une chose, on finit par s'apprivoiser nous-mêmes doucement. Mais l'autre ? Ses doutes, ses interrogations, ses peurs... Cette dure réalité, que, quoi qu'il fasse, nous ne serons jamais pleinement heureuses, pleinement abouties, pleinement épanouies, pleinement satisfaites... Et pourtant ils font le maximum, ils donnent le meilleur d'eux-mêmes. J'ai peur qu'ils s'épuisent à vouloir aimer et comprendre. *Anne, 28 ans.*

L'excitabilité[5]

L'excitabilité, c'est le fait de ne renoncer à rien. De s'investir dans tous les champs possibles de l'aventure humaine, travail, famille, amitié, amour, création. Elena Ferrante le décrit magnifiquement dans son livre, *Chroniques du hasard* : « Je sais que pas une femme ne parvient au bout de sa journée sans un effort intense et exaspérant. Que nous vivions dans la misère ou dans l'aisance, que nous soyons ignorantes ou cultivées, belles ou laides, célèbres ou inconnues, mariées ou célibataires, travailleuses ou au chômage, mères ou sans enfants, rebelles ou obéissantes, nous sommes toutes profondément marquées par une manière d'être au monde qui, même lorsque nous la revendiquons comme nôtre, est empoisonnée à la racine par des millénaires de domination masculine. » Quelle fatigue alors pour l'entourage, et pour la surdouée elle-même qui ne renonce jamais à rien ! L'excitabilité est la marque du trop-plein d'énergie qui caractérise la grande majorité des femmes surdouées – tant qu'elles ne se sont pas cadenassées dans le mutisme et la léthargie pour complaire à leur entourage, ou à leur compagnon. Alliée à leur hypersensibilité et à leur perception sensorielle aiguë, l'excitabilité est une clé de réussite dans leur épanouissement. D'abord, parce qu'elle va entraîner une prise de risque nécessaire à la réalisation de leurs ambitions. Ensuite parce que, contrairement à la logique du « peu, mais mieux », l'excitabilité a été à la source du sentiment d'accomplissement de beaucoup de femmes éminentes, puisqu'en « voulant tout » et en travaillant à l'obtenir, elles ont acquis la certitude d'avoir pleinement vécu leur vie, noué des liens affectifs riches et profonds, trouvé un travail qui a du sens et des centres d'intérêts intenses… et rencontré l'amour.

Mais l'excitabilité a ses revers, la fatigue notamment, et le fait qu'on puisse passer, au regard des autres, pour une « touche-à-tout, bonne à rien ». Frustration et abattement peuvent s'ensuivre avec l'impression étouffante d'être une incapable. Nous le verrons, le manque de confiance en soi est la faille principale des femmes HP lorsqu'elles sont mal comprises, et ce point peut prendre des dimensions dramatiques dans la vie de couple. Il est un des motifs récurrents des plaintes conjugales, et des récriminations du compagnon. Il est donc une source aiguë de souffrance en l'absence de conjoint compréhensif, voire complice.

Le perfectionnisme

Dans mon livre sur l'adulte surdoué[6], j'avais traité ce trait de caractère en référence à l'entéléchie grecque : cette disposition de l'âme à vouloir s'élever, à atteindre sa perfection. Autrement dit, pour la personne douée de cette qualité, il s'agit de s'accomplir en référence à ce que la personne porte en elle de singulier, en se prenant pour seule échelle de valeur. La célèbre phrase de Nietzsche – qui avait senti le besoin de revenir aux concepts des philosophes Anciens – nous revient : « Deviens qui tu es. » Ce caractère, chez le surdoué et dans la société actuelle, se traduit par la tendance à juger son travail à l'aune de ses ambitions propres, faisant fi de ce que pense l'entourage proche ou élargi. Le ou la surdouée sera bien plus sensible à ses défis personnels qu'aux récompenses décernées par la société. Cela donne des caractères entiers, appréciables pour la société en général, et des modèles pour qui cherche à fuir l'hypocrisie et le conformisme. L'aspiration au beau, au vrai, au mieux et au dépassement de soi a de quoi charmer. Les surdoués qui mettent ce trait de leur personnalité à leur service – dans leur quête de sens, dans leurs objectifs professionnels ou artistiques – peuvent être des guides et des exemples pour autrui.

Mais ce perfectionnisme a un revers : il s'assortit souvent d'intransigeance, exigences rigides qu'on applaudit de loin mais qui sont difficiles voire impossibles à suivre de près, pour les très proches. Ce n'est pas parce que cette qualité est plus développée chez la femme surdouée que chez l'homme qu'elle devient problématique, mais parce qu'on la lui reproche beaucoup plus souvent, et durement. La famille, parents et fratrie, et plus tard le compagnon, qui estime que sa compagne est « trop » exigeante avec elle-même, mais surtout avec lui. Pourquoi cherche-t-elle toujours à placer la barre si haut ? « trop » haut ? Nous verrons plus loin quel fossé cette attitude finit par creuser entre les deux partenaires, et l'intolérance qu'elle peut provoquer chez le conjoint.

La divergence avec le modèle féminin

Non seulement il existe des différences de caractère entre les femmes et les hommes surdoués, mais il y a des divergences notoires entre les femmes HP et les femmes intellectuellement dans la norme. Par ailleurs, il existe aussi un écart manifeste entre ce que la société propose comme modèle féminin aux femmes en général, et la vision que la surdouée a d'elle-même. Contrairement à ses congénères, une femme HP ne se définit pas en premier lieu dans un rapport avec son sexe ou son genre. Elle réfléchit, réagit et se positionne autour de concepts qu'elle analyse et décortique – son appartenance politique, ses sensibilités artistiques, son inclination religieuse. Elle ne se positionne en tant que femme que si on lui rappelle qu'elle l'est. De préférence même, elle parlera de son intelligence comme « de son côté masculin ». Si elle a trouvé à s'épanouir dans son activité professionnelle, si elle y a gagné une autorité universellement reconnue, elle pourra défendre ses points de vue sans se retrouver en butte aux critiques des hommes en général, qui souvent se sentent menacés dans leur virilité par la surefficience féminine, par le groupe féminin qui se sent débordé par des sujets de conversation théoriques qu'on n'attend pas de leurs membres, et enfin, par le compagnon, habitué par la société et par son expérience personnelle à d'autres comportements et d'autres attitudes chez les femmes qu'il a rencontrées au préalable – quand il ne se sent pas, lui aussi, mis en danger par l'intelligence de sa compagne. C'est que peu échappent aux stéréotypes que la société et la culture ambiante imposent[7]. Pas même, d'ailleurs, les surdoués, qui s'astreignent souvent (et surtout les filles) à maintenir dans leur comportement des attitudes et des positions qu'on attend généralement de leur sexe, afin de ne pas paraître encore plus différents de la norme. Et même si, aujourd'hui, la pression du milieu, de la famille, du groupe religieux se fait moins forte, les compagnons des femmes surdouées, s'ils ne le sont pas eux-mêmes, supportent avec quelque réticence l'opinion des autres hommes sur leur femme, si elle est négative, ou réprobatrice.

Certaines surdouées, pour compenser la suspicion que leur intelligence provoque dans la population masculine, peuvent surjouer leur féminité. Je me souviendrai toute ma vie de l'apparition dans mon cabinet d'une quadragénaire – cadre supérieur – dont les tests ont révélé une confortable surefficience intellectuelle. Magnifique, ultra-féminine dans son aspect – talons hauts, décolleté et robe moulante, maquillage et manucure parfaits, elle m'a avoué son manque total d'assurance, sa méfiance à l'égard des jeux de séduction et, après deux mariages ratés, son attirance pour les femmes. Elle a eu alors ce mot extraordinaire, désignant sa tenue vestimentaire : « Je pourrai enfin être en accord avec moi-même. »

Ainsi, les archétypes et les modèles de perfection fabriqués par la société affectent toujours la femme surdouée dans sa quête d'identité. Si, de surcroît, ils sont brandis par l'homme qu'elles aiment pour légitimer leur protestation, ils peuvent devenir destructeurs dans la construction toujours difficile de leur personnalité.

Dernier point, que j'ai souvent relevé lors de mes entretiens, la femme surdouée n'exprime pas aussi souvent que ses congénères d'une efficience intellectuelle plus moyenne l'angoisse de la vieillesse et de la perte de son pouvoir de séduction, sauf lorsqu'elle ignore sa douance, et qu'elle impute à son aspect physique ses échecs amoureux, et son extrême difficulté à trouver un partenaire. C'est qu'elle possède plus que les autres un sens du temps qui passe, un art des perspectives et des mises en abyme des enjeux de sa propre vie et de sa réalisation personnelle qui la prémunissent du diktat de l'hypersexualisation que la culture occidentale impose aujourd'hui aux jeunes femmes – comme aux hommes d'ailleurs.

> Je me suis toujours sentie pas à ma place avec mes amies de classe et d'université. J'avais pourtant envie de les voir, de sortir avec elles, de partager leurs occupations en dehors des bibliothèques, mais je ne comprenais pas leur intérêt pour la mode, leurs bavardages et rien du plaisir qu'elles prenaient à colporter des potins. Mais j'ai fait semblant, pour ne pas rester tout le temps sur la touche. Je n'étais pas populaire, et ma mère s'en inquiétait. Au collège et au lycée, c'est elle qui les invitait le plus souvent. Je me suis mariée « pour faire une fin », pour rassurer mes parents. Je ne regrette pas mon mariage. J'ai deux filles brillantes et un mari qui m'a acceptée comme j'étais – taiseuse, « ombrageuse ». Nous avons des amitiés de couple. Elles sont venues de son travail, ou des parents d'amies de mes filles. Trente ans après la fac, j'éprouve le même ennui quand j'entends mes « amies » évoquer leur terreur de vieillir. J'en ai blessé une quand elle m'a proposé de l'accompagner pour nous faire des injections. C'est sorti de ma bouche. J'ai découvert qu'au moins, si ma vie a manqué de relief, j'ai échappé à ça. À dire vrai, maintenant que mes filles volent de leurs propres ailes, à 60 ans, j'ai décidé d'envisager ce second âge avec bénéfice. Je veux vendre la boîte que j'ai créée et commencer les études que je rêvais de faire petite : ingénieur aéronautique. Je veux dessiner des avions. *Julie, 60 ans.*

3

Le modèle idéal

Quelques modèles

Existe-t-il un modèle de couple idéal pour les individus dotés de surefficience intellectuelle ? Ce modèle, bien évidemment, serait celui de deux individus dotés de la même surefficience intellectuelle, qui parleraient le même langage, décoderaient le monde et ses problèmes à la même vitesse et qui partageraient les mêmes centres d'intérêt, auxquels ils se consacreraient, évitant la sensation d'ennui abyssal qui menace la plupart du temps les surdoués dans leur couple. « Ces couples existent-ils ? » soupirent souvent mes patients, hommes ou femmes, quand ils me font part de leurs difficultés, voire de leurs échecs à construire une relation enrichissante, stable et qui les rende heureux. Car c'est bien ce qui souvent revient dans leurs regrets ou dans leurs attentes. Éprouver enfin, grâce à l'autre, ce sentiment de plénitude et de partage, de compréhension mutuelle, au lieu des arrangements qui frustrent, rendent insatisfait et, petit à petit, finissent par faire du couple le creuset de la résignation, des rancœurs ou des violences, contre l'autre ou, très souvent chez les surdoués, contre soi-même. Beaucoup d'entre vous qui viennent me consulter, dans un premier temps pour déterminer la nature de leur mal-être, finissent par m'avouer combien, quoiqu'ils aient l'air de bien fonctionner dans leur vie de famille, bien qu'ils offrent l'image d'une paire réussie, se sont « fait une raison » en épousant celle ou celui qui vit avec eux. Après plusieurs échecs, ils ont décidé de « se ranger ». Dès lors, ils supportent, ou font supporter à l'autre, leur incapacité à s'adapter à la vie à deux. Certains font des efforts démesurés pour correspondre aux attentes de leur partenaire, beaucoup pour y parvenir développent ce faux self sur lequel je reviendrai plus loin. Certains finissent par fuir, quand d'autres plongent dans la dépression, la mésestime d'eux-mêmes, l'autodénigrement. Enfin, et cette catégorie comprend autant d'hommes surdoués que de femmes surdouées, il y a ceux qui s'effacent, se dissolvent dans un personnage qui leur est étranger, mais correspond en tous points à celui que semble désirer l'autre. « Le couple, ironisait Sacha Guitry, c'est ne plus faire qu'un. Oui, mais lequel ? » Ceux-là ne font pas « plus qu'un » avec leur moitié. Ils l'ont laissée se décalquer sur eux, ce qui ne signifie pas qu'ils éprouvent pour autant un sentiment de complétude ni de partage. Bien au contraire, ils sont ceux que l'échec de leurs relations sentimentales, bien avant toute autre question, conduit un jour à franchir le seuil de mon cabinet.

La première approche que je vous propose lorsque nous en venons à aborder la question affective est de vous rassurer. Il n'est pas si facile que cela, même pour les couples de gens ne présentant aucune douance, de trouver sa moitié. Mille choses entrent en jeu – le passé, les passifs, l'éducation, la religion, la pression familiale. À quoi s'ajoutent – il ne faudrait surtout pas l'occulter car elles sont à l'origine même du couple – l'attirance et l'appétence sexuelle. Deux individus ont tout pour s'entendre, mille points communs. Ils se plaisent, mais l'un a des besoins sexuels très importants, et l'autre en a peu… De même, deux individus qui ont tout pour s'entendre ne ressentent pourtant aucun désir, aucune attirance l'un pour l'autre. La poésie, la littérature, les chansons sont infinies qui jouent sur les variations du thème « l'amour est aveugle ». Et ce n'est pas un hasard si Cupidon, arc et flèche en main, est représenté nanti d'un bandeau sur les yeux.

Il n'empêche, ce qui est déjà difficile pour les individus « standard » l'est plus encore pour les surdoués. Se rencontrer, se choisir, s'aimer, projeter une vie à deux, fonder une famille, et donc s'inscrire dans le temps est une gageure en général, plus encore aujourd'hui dans une société où la recherche de la jouissance immédiate est un mode d'agir. Et que dire pour les surdoués, dépourvus de la grille qui permet aux autres de décoder les attitudes, les paroles, les sous-entendus !

Pour autant, le miracle a parfois lieu. Des couples « parfaits » – du moins, selon l'image qu'ils renvoient ou qu'ils ont renvoyée dans l'histoire, des couples qui ont été « fusionnels », j'entends par là des couples qui ont trouvé dans leurs partages, leurs centres d'intérêt et dans leurs échanges non seulement un épanouissement sentimental, mais encore la réalisation de leurs projets professionnels et intellectuels – ces couples modèles ont existé.

Dans l'histoire de France, il y a eu Voltaire et Émilie du Châtelet, « le philosophe et le prodige ». Mathématicienne, physicienne, unanimement reconnue à son époque pour les lumières de son exceptionnelle intelligence, Émilie du

Châtelet conquit presque au premier regard, ou plutôt faudrait-il dire aux premiers mots, celui qu'on considérait comme l'esprit le plus incisif de son temps, le célibataire le plus couru des dîners et des salons. La recette de leur entente, on la trouve dans les *Mémoires* de Voltaire. « J'ai rencontré, en 1733, une jeune femme qui pensait comme moi, et qui avait décidé de passer plusieurs années dans le pays à cultiver son esprit. » Il avait 40 ans. Elle en avait 27. Leur amour a culminé dans l'association intellectuelle qu'ils ont formée. Ensemble, ils constituent une sorte de dynamique qui touchera tous les domaines qu'ils exploreront ensemble : écrits sur la science, la physique et la philosophie. Amants, amis, associés – ils furent tout cela, admiratifs l'un de l'autre et lui, éperdu devant la capacité de la jeune marquise à parler non seulement le grec et le latin, mais encore l'anglais et l'italien, et à se jouer des problèmes mathématiques les plus aigus. « Cette femme que je regarde comme un grand homme… Elle comprend tout à Newton, méprise la superstition et, en un clin d'œil, elle m'a rendu heureux », écrit-il.

Il ne faut pas croire que l'attrait qu'Émilie du Châtelet exerçait tenait à son physique. Elle était aussi brillante intellectuellement qu'assez éteinte physiquement. Un de ses contemporains s'était plu à souligner ses dents gâtées, sa pauvre chevelure et sa façon désastreuse de s'habiller. « L'élégance, pour les femmes, exige une attention exclusive ; Émilie était une intellectuelle, elle n'avait pas d'heures creuses à gaspiller avec des coiffeurs et des couturiers », la défendra une de ses biographes. Pour autant, qu'on n'imagine pas la marquise sous les traits d'un être éthéré et dépourvu de sensualité. Mariée à l'âge de 19 ans au marquis du Châtelet qui sera un mari fort complaisant, elle eut nombre de prétendants et d'amants avant de rencontrer Voltaire. D'un tempérament passionné comme une large majorité de surdouées, Émilie s'était même empoisonnée lorsqu'un de ses galants avait décidé de mettre fin à leur aventure. Mais avec Voltaire, tout ce qu'elle attendait d'une rencontre s'était enfin réalisé. Ils s'aimèrent, s'amusèrent, dormirent, voyagèrent, étudièrent et travaillèrent ensemble. Chacun aidait et poussait l'autre à explorer ses talents propres, à les développer et à les exprimer. C'est à la marquise du Châtelet que Voltaire devra d'avoir su vulgariser la philosophie et les découvertes de Newton, et d'écrire le traité qu'il consacrera au savant. Il tiendra d'ailleurs à lui rendre hommage pour ses contributions. Une eau-forte, en page de garde de son livre, la montre recevant les lumières de Newton, et les réfractant sur la page que Voltaire est en train de rédiger.

Il y a eu d'autres couples de surdoués dans l'histoire. Harriet Taylor Mill (1807-1858), que j'évoquerai plus loin dans ce livre, philosophe (et militante féministe), et le poète John Stuart Mill qu'elle épaula et à l'œuvre de qui elle contribua considérablement. Marie-Anne Paulze, artiste, chimiste de renom, traductrice d'ouvrages scientifiques, finit par former une équipe exceptionnelle avec son mari, le père de la chimie moderne, Antoine Lavoisier avec qui elle travailla en étroite collaboration, traduisant les ouvrages scientifiques qu'elle recevait d'Angleterre. D'eux, l'histoire ne retient pas de rencontre fulgurante, ni le coup de foudre que ressentirent l'un pour l'autre Émilie et Voltaire, ou Virginia Woolf pour la poétesse anglaise Vita Sackville-West. Ce fut un mariage arrangé comme on les pratiquait alors – une alliance qui provoqua, a posteriori, le sentiment de complétude que leurs intelligences acérées n'osaient pas attendre de la vie. Comme la majorité des couples de surdoués, ils vécurent leur amour sur le mode de la complicité, du respect, du partage et de l'amitié, même si, chez ces deux-là, l'amour ne se conjuguait pas sur le mode de la passion. Il y eut aussi, je viens de l'évoquer, la relation fusionnelle de Virginia Woolf et de Vita Sackville-West, dont la romancière américaine était tombée éperdument amoureuse. On retrouve chez Virginia Woolf la majorité des caractéristiques de la femme à haut potentiel, dont elle a laissé les témoignages dans sa correspondance et son œuvre. Hypersensibilité, surempathie avec le monde, questionnement incessant sur elle-même et sur le sens de la vie, attente presque effroyable d'amour et d'attention dans ses rapports avec l'autre, que ce soit en matière d'amitié ou d'amour, et ce sentiment d'incomplétude qui la hante. Dans une lettre passionnée, elle donne la clé de cet élan qui la pousse de façon irrépressible vers la jeune poétesse anglaise, avec qui elle entretiendra vingt ans de passion et de correspondance. Elle lui demande alors de « jeter son homme » pour venir la rejoindre, « et je vous dirai toutes les choses que j'ai en tête, des millions, des myriades ». Avec Vita Sackville-West, et dans ses bras, Virginia Woolf avait trouvé la plénitude qui manquait à sa vie. Comme elle l'écrivit, elle avait le sentiment de pouvoir enfin faire part à l'être aimé de son monde intérieur, lui dire tout ce qu'elle ne pouvait livrer qu'à ses œuvres. Elle sortait de la solitude et de l'ennui dont se plaignent souvent les surdoués qui me consultent, emportée par le tourbillon qu'incarnait Vita, libre et, aux yeux de beaucoup, dévergondée. Mariée quoique homosexuelle, mondaine quoique mélancolique. Elle aussi présente les caractéristiques de la femme à HP : inquiétude existentielle et énergie à vivre, originalité et difficulté à s'insérer dans les cadres classiques de la société. Ces deux surdouées partagent encore ce qui nourrit leur passion fusionnelle, leur domaine d'élection : la littérature. Les lettres qu'elles ne cessent pas d'échanger témoignent de leur gémellité, et de leur très fructueuse collaboration. Elles soulignent aussi le caractère excessif des deux femmes, leurs demandes sans concession vis-à-vis l'une de l'autre et parfois, leurs crises de jalousie. Les deux connaîtront la même fin dramatique : elles se suicideront, Vita la première.

Le plus célèbre des couples surdoués fut peut-être celui formé par Pierre et Marie Curie. Inutile de regretter qu'il n'y ait pas eu, à leur époque, la possibilité de mesurer, par un test, leur quotient intellectuel. Le domaine extrêmement pointu de leurs recherches, leurs découvertes, comme leur créativité respective et leurs résultats dans leurs travaux communs parlent pour eux. Ce qu'il est intéressant de souligner dans ce couple, c'est l'incarnation qu'ils furent d'un modèle idéal d'union. Ils tombent amoureux l'un de l'autre, se marient et dès cet instant, forment un tandem inséparable – Pierre abandonnera sa chaire de professeur pour rejoindre Marie dans son laboratoire, installé dans un hangar de fortune. Avant de rencontrer Marie Sklodowska, Pierre Curie, de huit ans son aîné, se plaignait que « les femmes de génie sont rares ». Jusqu'à sa rencontre avec cette jeune Polonaise surdouée, venue faire ses études à Paris : « Ce serait, cependant, une belle chose, à laquelle je n'ose croire, que de passer la vie l'un auprès de l'autre, hypnotisés dans nos rêves : notre rêve patriotique, notre rêve humanitaire et notre rêve scientifique », lui écrira-t-il avant de l'épouser. Et c'est ce qu'ils feront. « Nous vivions dans une préoccupation unique, comme dans un rêve », se souviendra Marie Curie, après la mort tragique de son mari, écrasé par une voiture à cheval dans une rue de Paris. Elle assista à l'accident, et alla ramasser, sur la chaussée, les morceaux du crâne et du cerveau de son grand amour.

Les couples formés à partir de deux individus surdoués sont-ils tous promis à une réussite éclatante ?

A priori, la réponse est affirmative. Les résultats de la première étude sur les surdoués, dite étude Terman, que j'ai longuement exposée dans mes ouvrages précédents, ont permis de conclure sans ambiguïté que les couples dont les deux membres sont surdoués connaissaient un taux de divorce bien plus bas que la moyenne des autres mariages.

Depuis cette enquête, des psychiatres et des sociologues du Roeper Institute, émanation de l'école du même nom dédiée à l'éducation et à la formation des surdoués, sise aux États-Unis dans le Michigan, ont consacré une étude[1] aux satisfactions conjugales des adultes surdoués et aux conséquences qu'elles pourraient avoir sur leur vie au sens large.

Leurs enquêtes, fondées sur les conclusions du psychologue S. Tolan, publiées en 1994[2], ont mis en évidence qu'en règle générale, les caractéristiques singulières des surdoués décuplaient soit les risques d'échec, soit les chances de réussite dans leur vie de couple, mais que les particularités de la douance n'étaient pas les seuls aspects qui intervenaient dans les équilibres ou les déséquilibres de la relation amoureuse. L'environnement comptait aussi beaucoup. Coupé d'un milieu culturellement riche, d'émulations intellectuelles fortes, de la possibilité d'échanges et de partages fréquents avec d'autres adultes en surefficience intellectuelle, le surdoué souffrira dans sa relation amoureuse, même s'il partage sa vie avec un autre surdoué. Même ensemble, même unis dans un même couple, et même lorsqu'ils s'en déclarent satisfaits, ces deux surdoués ont besoin d'ouvertures au monde, de réponses et de défis à leurs questionnements et à leurs inquiétudes personnelles qui leur soient apportés par un flux excitant de concepts et de problèmes à résoudre.

Il restait aux psychologues du Roeper Institute de déterminer si, oui ou non, un surdoué marié à une surdouée (et inversement) se déclarait plus heureux, plus épanoui et plus satisfait de sa vie maritale qu'un surdoué marié à une non-surdouée.

Ils ont aussitôt dû souligner que la question se compliquait dès que l'on abordait en même temps, comme élément constitutif du couple, leur vie professionnelle. Est-elle menée par chacun en solo ? Ou bien leur carrière, comme à l'exemple de Pierre et Marie Curie, leur est-elle commune ? C'est-à-dire, partagent-ils la même activité et sa dynamique de réussite, ou est-ce chacun pour soi, leur communauté de vie étant réduite aux activités traditionnelles de la maison ? Enfin, dans ce cas de figure, le travailler-ensemble consolidait-il la vie conjugale ou bien la fragilisait-il ? Déjà, en 2003, les psychologues Elloy et Smith avaient interrogé un panel de couples de surdoués, et qui travaillaient ensemble, sur des thèmes bien précis. Ils les avaient questionnés sur les points sensibles de la vie commune lorsqu'elle embrasse l'ensemble des activités de chacun : la surcharge de travail, le manque de reconnaissance sociale, les tensions entre le travail et la famille, la confusion entre l'identité d'époux ou d'épouse et l'identité professionnelle de l'un comme de l'autre, et la difficulté à concilier les idéaux personnels avec la norme.

Il est résulté de cette étude que les couples qui travaillaient ensemble étaient soumis à un stress supérieur à celui que vivaient les couples ayant des professions indépendantes l'un de l'autre. Mais dans le même temps, ces couples possédaient et démontraient, dans leur vie à deux, une force supérieure pour affronter les problèmes, et une capacité de résilience exceptionnelle, ainsi qu'un mimétisme réciproque extrêmement fructueux et constructif – le tout rejaillissant avec un grand bénéfice sur leur sentiment de bonheur et de satisfaction conjugale.

Une étude ultérieure, menée en 2005 par les psychologues Bird et Schnurmann-Crook, a affiné cette enquête et conclu que les couples surdoués qui travaillaient ensemble partageaient avec plus de facilité les décisions à prendre, en discutaient avec moins de heurts, déléguaient à l'un ou à l'autre en cas de surcharge de tâches sans que l'un ou l'autre ne rechigne, acceptaient en permanence de se remettre en question et de réévaluer leurs expertises, et supportaient sans problème les critiques et les observations dès qu'elles leur semblaient justifiées. En résumé, cette étude a établi que, quoique ces surdoués reconnaissent leur immense désir et satisfaction à réussir indépendamment, et leur besoin comme leur attente de reconnaissance professionnelle individuelle, ils étaient parfaitement conscients des bénéfices qu'ils tiraient de leur association – les femmes mettant en avant les bénéfices de leur famille (confort, constitution d'un outil de travail à léguer, autoestime et modèle constructif pour les enfants), tandis que les hommes privilégiaient, dans la reconnaissance de ces avantages, les avantages financiers et l'indépendance de leur cursus professionnel.

Enfin, ils ont noté quelques distinguos qu'il est intéressant de souligner :

• Le stress des femmes surdouées a un impact plus grand sur leurs époux surdoués que l'inverse ;

• Quoiqu'ils soient capables d'avoir des discussions extrêmement tendues ensemble, notamment quand les résultats de leur travail étaient décevants, voire catastrophiques, ces conversations n'avaient pas d'effet significatif sur l'équilibre psychologique des deux partenaires. Les deux surdoués sachant pertinemment faire la part des choses entre l'affect et le travail, le couple amoureux et les partenaires d'entreprise ;

• Les femmes sont plus affectées par les conflits et les tiraillements entre le travail et la famille que les hommes, ce qui suggère que dans ce cas, les femmes sont aussi plus susceptibles de se sentir moins satisfaites de leur vie conjugale. Leurs relations avec leur conjoint s'en trouvent plus vite fragilisées ;

• Selon l'étude du Roeper Institute encore, 66 % des hommes participant à l'étude ont reconnu spontanément la douance de leur femme (contre 67 % des femmes), 32 % l'ont niée et 2 % n'avaient aucune idée sur le sujet ;

• Les performances mathématiques et scientifiques sont, pour la majorité des couples, la preuve incontestable de la douance de leur partenaire, avant[3] l'habileté des négociations et le sens diplomatique, la créativité artistique, les domaines traditionnels d'expression de l'intelligence, l'esprit critique et la facilité à résoudre les problèmes, le talent littéraire et oratoire, le leadership et l'habileté commerciale, l'hypermnésie, l'art de se repérer dans l'espace et enfin, les aptitudes corporelles ;

• Dans leur couple, les surdoués manifestent beaucoup

plus souvent leur admiration pour l'intelligence ou la créativité de leur moitié ;

• Les surdoués mariés avec une femme surdouée se disent plus heureux dans leur vie amoureuse que ceux mariés avec une femme « normale » ;

• Pour la grande majorité d'entre eux, mais avec une légère prédominance chez les femmes, les bénéfices à tirer de la douance dans leur vie professionnelle leur semblent moins importants que la pleine réussite de leur vie de famille et leur bonheur conjugal.

Mon expérience de clinicienne m'a amenée à confirmer ces conclusions. Lorsque nous abordons la question du couple, les surdoués qui ont rencontré un partenaire doué de surefficience intellectuelle ne manquent pas de s'en réjouir, surtout lorsqu'ils ont connu des partenaires lambda :

> Le plus douloureux dans la relation avec une personne qui n'est pas surdouée, c'est le fossé qui sépare nos objectifs, nos rêves. *Anselme, 34 ans*.

> Avec mon partenaire qui est un zèbre lui aussi, nous comprenons l'enthousiasme, l'hyperfocalisation de l'autre sur ses intérêts – nous partageons des objectifs et nous sommes fiers de ce que nous accomplissons. D'un autre côté, nous comprenons nos manies. Il ne touche pas à mon piano ni à mes partitions, je ne me mêle pas à ce qu'il fait sur son ordinateur. Nous respectons nos besoins mutuels de solitude. *Margaux, 36 ans*.

> En tant que fille surdouée plutôt réservée, j'ai eu des relations avec des hommes qui ne le sont pas. Les surdoués

comprenaient mes besoins de lire, d'écrire, et d'être par moi-même avec moi-même. Les autres avaient du mal à le comprendre et pire encore, à l'accepter. *Camille, 27 ans.*

On aurait tort de penser que les études que je viens d'évoquer, comme les consultations auprès de cliniciens sur le sujet du bien-être familial et de l'équilibre entre les sphères du travail et de la famille, sont anodines. Notamment pour les surdoués, individus infiniment plus fragiles et complexes que les individus « normaux », à cause des stress et des efforts continuels d'adaptation qu'ils ont à faire dans leur vie. De l'avis des sociologues et des psychologues, les relations conjugales harmonieuses constituent le socle le plus solide de l'individu dans sa vie d'adulte, pour affronter la société et les difficultés comme les drames qu'il aura peut-être à vivre. Les relations amoureuses toxiques, chaotiques, délétères, déséquilibrées ou malheureuses affectent profondément l'équilibre psychique des individus, quelle que soit leur intelligence. Mais les surdoués sont plus *bouleversés* encore par ces désordres, jusqu'à développer des affections mentales – dépressions en tous genres, suicides, psychoses ou névroses. Aussi, lorsqu'un nouveau patient vient me consulter pour un trouble psychique, une fois sa douance confirmée, et même si le motif de la consultation porte sur un autre sujet, je ne manque jamais de lui demander d'évoquer sa vie sentimentale.

4

Les difficultés des surdoués dans leur perception de l'amour

« Manifester ce que nous sommes
en faisant un effort d'autonomie
requiert une vigilance cruelle
vis-à-vis de nous-mêmes. »

Elena Ferrante, *Chroniques du hasard.*

Largement plus « intelligent » que la moyenne[1], doté d'une intelligence relationnelle aiguisée par sa grande empathie et assortie d'une belle créativité et d'une curiosité sans limites, apparemment, l'adulte surdoué possède tous les atouts pour être heureux dans son couple. Et pourtant, loin des quelques unions modèles que je viens d'évoquer, il souffre plus qu'il ne s'épanouit en amour. Pourquoi ?

Aimer, s'aimer

Tout d'abord, il convient de préciser qu'être surdoué ne veut pas dire nécessairement être capable de s'aimer et dès lors d'aimer autrui. Un de mes patients avait ironisé, un jour, dans mon cabinet : « Aimer son prochain comme soi-même ? Encore faudrait-il s'aimer. Encore faudrait-il que je m'aime. »

Cette réflexion enrobée dans le sucre de l'humour résume l'essence des problèmes que beaucoup de surdoués vont connaître dans leur vie affective. Qu'il ait été diagnostiqué HP ou pas dans son enfance, le surdoué aura toujours été le petit mouton noir du groupe. Même les enfants conscients de leur supériorité intellectuelle, entourés par des parents aimants fiers du QI de leur progéniture, ressentent à un moment de leur enfance, ou de leur adolescence, le prix qu'il leur faut et qu'il leur faudra payer toute leur vie à cause de leur surefficience intellectuelle. Il arrive qu'ils connaissent des difficultés relationnelles avec leurs enseignants car ils échappent à toute méthode habituelle et leurs réponses aux questions sont déconcertantes. Ils sont aussi marginalisés par le groupe, qui tolère difficilement les trop grands écarts aux standards de comportement.

Ainsi, s'il a pu s'aimer un temps dans le regard de ses parents, l'enfant et surtout l'adolescent, à l'âge où l'on se conçoit en groupe d'amis, se retrouve seul aux yeux du monde extérieur, qui le rejette souvent à cause de ses différences, dans toutes les acceptions du terme, et telles que je les ai exposées dans mes précédents ouvrages consacrés à la douance.

Trois solutions se présentent alors à lui : haïr le monde qui, pense-t-il, ne l'aime pas. Se haïr et s'enfermer dans une spirale négative faite d'un autodénigrement qui vire à l'aigreur et à l'amertume, tout en s'enfermant volontairement dans une réclusion sociale. Enfin, développer un faux self, se « caméléoniser » pour se fondre dans la couleur ambiante et être enfin coopté par le groupe. Au risque grave, bien évidemment, de finir par se perdre de vue soi-même.

Je retrouve par ailleurs, chez certains adultes à haut potentiel, l'enfant surdoué qui n'a pas été compris par ses parents, qui les a peut-être déçus ou qui a été considéré comme le vilain petit canard de la fratrie à cause de ses difficultés relationnelles avec ses frères ou ses sœurs. Or tout adulte, surdoué ou pas, qui n'a pas été rassasié d'amour dans son enfance, qui n'a pas eu son plein d'affection maternelle et paternelle, qui ne s'est pas senti pleinement aimé et accepté comme il est, dans l'intégralité de son être, est comme le tonneau des Danaïdes – dépourvu de ce fond consolidé par la tendresse inconditionnelle du père et de la mère. Il ne capitalise jamais l'affection d'autrui qu'il sera amené à recevoir tout au long de sa vie. De la part d'un copain de classe, d'un enseignant qui saura encourager ses aptitudes, d'une amitié épisodique fondée sur le partage de hobbies, de premières relations amoureuses, ou dans ses échanges professionnels. Celui-là restera dans une perpétuelle incertitude – est-il digne d'être aimé ? – et il pense que non. Et il en déduira que s'il est aimé, c'est sur la base d'un malentendu ou d'une erreur qui ne tardera pas à éclater au grand jour.

Est-il normal qu'il soit maltraité ou méprisé par l'autre dont il attend l'affection ? pense ce même individu. Oui, il pense que oui… Moins cet adulte HP reçoit de preuves d'amour, moins « on » le trouve aimable, plus il revit le modèle d'origine – celui, déficient, que sa mère ou son père ont gravé en lui comme étant son ADN amoureux – aussi, paradoxalement, s'en trouve-t-il rassuré. En règle générale, cet individu se perd dans une quête amoureuse qui ne peut que le décevoir ou le détruire, puisqu'il ne se met pas en quête de quelqu'un qui l'estime pour ce qu'il est, l'accepte, le félicite et l'aime, mais d'un partenaire qui se plaira à le rabaisser et à l'étouffer, à le persuader qu'il n'a rien d'attirant – un partenaire qui le relie à sa première expérience affective, si déterminante par la suite. Un partenaire qui va confirmer qu'il n'est pas digne d'être aimé, puisque ses parents ne l'ont pas aimé.

Enfin, le jour où il rencontre quelqu'un qui l'aime de façon authentique et le lui dit, il ne guérit pas pour autant de cette blessure que sa psyché a contractée dans l'enfance, et qui s'est creusée au moins jusqu'à l'adolescence. Le fond solide de l'amour maternel, fusionnel, inconditionnel et vital, est absent. Quels que soient les litres d'amour déversés dans son cœur, il est incapable de s'en remplir, de s'en désaltérer, tant la mésestime de soi est immense.

Aimer et être amoureux

Être amoureux ne recouvre pas le même sentiment, la même nature d'émotion qu'aimer. Je suis amoureux donc j'aime, voilà la confusion des sentiments dont vous êtes, vous, les adultes surdoués, les fréquentes victimes. Et qui peut vous entraîner dans des unions catastrophiques. Une fois l'ivresse de l'état amoureux passée, les yeux s'ouvrent, et l'être sur lequel vous avez cristallisé votre désir d'amour – selon le phénomène magnifiquement décrit par Stendhal – vous apparaît dans sa cruelle banalité. C'est donc cela, le prince charmant pour lequel, quinze jours auparavant, vous avez tout quitté, et parfois divorcé ? C'est donc elle, la Belle au bois dormant, cette jeune femme si commune dans ses goûts, sans appétit de beauté ?

Parvenus à l'âge adulte, les individus normaux apprennent à faire la différence entre ces deux termes. La grammaire est bien faite, qui nous dit qu'être amoureux est en quelque sorte un verbe pronominal, qui se conjugue « avec un pronom réfléchi de la même personne que le sujet ». Autant dire, un état de contemplation personnelle qui n'exige aucun complément d'objet direct. Dites « je suis amoureux » et tout le monde entend les sentiments, la légère ivresse, le plaisir. Dites « j'aime » et on vous demandera qui, ou quoi. Être amoureux est un état subjectif. Aimer est une action objective parce que aimer exige un complément d'objet direct. Il instaure un partenaire, signifie un couple, implique un partage et un échange. X aime Y. Même s'il n'est pas nécessairement assorti d'une réciproque, aimer est une action continue, constructive lorsque tout se passe bien, destructive si l'un des partenaires souffre de déséquilibres et utilise la relation amoureuse pour exercer ses obsessions, ses névroses ou ses psychoses – nous verrons plus loin quelles sont les plus dangereuses pour les surdoués.

Or, à cause de son hypersensibilité, de sa haute inflammabilité, le surdoué tend à tout investir sur le partenaire vers lequel il se sent attiré, et dont il tombe amoureux pour des raisons généralement extérieures à la qualité de la personne, et à sa compatibilité avec le surdoué. Les influx hormonaux, le printemps, un moment d'euphorie dans sa vie ou au contraire un sentiment de solitude, le désir de rencontrer quelqu'un là, maintenant, tout de suite, ainsi, il ne faut pas l'exclure, que l'attrait purement physique ou le charme de la personne, sont autant de composantes de cette irruption de désir et de l'art avec lequel il va se fixer sur un être.

De façon plus vertigineuse encore, et surtout dans un monde où les jeunes générations envisagent avec beaucoup plus de facilité d'avoir des relations sexuelles presque dans l'immédiateté de leur rencontre que de dire « Je t'aime », voire faire un pari à deux sur l'avenir, l'enthousiasme amoureux sans bornes du surdoué extraverti entraîne très souvent son partenaire dans le mirage de l'amour. Les deux s'embarquent alors dans une relation superficielle, épidermique, faite de plaisir narcissique, de jouissance à être embrassé par l'autre, de s'entendre dire « je t'aime » et de le dire à son tour. Chacun s'alimente à l'ivresse de l'autre… jusqu'au jour où, celle-ci ne reposant sur rien de tangible, sur aucun domaine de partage ou d'entente, l'être amoureux retombe de son nuage.

Le dessillement des yeux s'avère toujours extrêmement difficile si la lucidité ne revient pas chez les deux au même moment. Car ne nous y trompons pas, même si l'ivresse d'amour peut s'évaporer à la vitesse d'une ivresse de champagne, la rupture peut être atrocement douloureuse pour celui qui reste, et l'abandon est capable de raviver chez lui un sentiment inversé, de l'ordre de la douleur – ce qu'on appelle communément « une passion ».

Souvent, dans cette passion, l'angoisse de la perte, la blessure narcissique, le sentiment de rejet sont des combustibles bien plus puissants que la réalité du sentiment amoureux. Il n'est plus question d'être *objectivement* amoureux du partenaire qui est parti, mais de souffrir de la perte, de la laisser subsumer tout élan vital. Il m'est arrivé plusieurs fois d'entendre l'un de mes patients, homme ou femme, évoquer cette consomption de la perte amoureuse. Je les écoute évoquer leur lutte contre cette passion toxique qui les obnubile, tout en m'avouant qu'ils sont tout à fait conscients que cette relation était impossible, qu'il ou elle n'était pas le ou la partenaire attendu(e) ni même désiré(e), mais il n'empêche qu'ils vivent très douloureusement la rupture…

Il arrive aussi que les deux éléments du couple entretiennent une passion négative, faite de sévices et de souffrances qui recouvrent une large gamme de tortures psychiques. Ces souffrances s'étendent depuis la survenue de violences physiques, parfois consenties et vécues comme un piment dans les relations sexuelles, jusqu'aux manipulations intellectuelles. Les paroles jouent alors un rôle fondamental. J'évoquerai cette question un peu plus loin dans ce livre.

Les surdoués sont la plupart du temps des proies idéales pour les pervers et les perverses en tous genres, qui avec eux jouent sur du velours puisque, généralement, le surdoué souffre d'un déficit chronique de confiance en soi. Il vit généralement avec le sentiment d'être un imposteur que l'on finira par démasquer. La crainte que cette prétendue imposture ne soit découverte est décuplée dans les relations amoureuses. Sans témoin, sans référence, sans regard extérieur pour témoigner d'un comportement anormal du partenaire, le surdoué peut très vite perdre pied, voire être tenté par le suicide.

C'est que, dans le jeu des relations sociales et affectives, le couple a ceci de particulier qu'il est un huis clos. Les deux membres de ce club très fermé, très intime, très exclusif ont mis au point en général un langage qui n'appartient qu'à eux, une multitude de références personnelles et de codes qu'ils ont élaborés et dont ils usent *contre le monde*. Dans cette bulle, ces natures extrêmement sensibles, que leurs différences rendent incapables d'une analyse de référence avec la norme – ce qui est acceptable et ce qui ne l'est plus, et cela, des deux côtés – éprouvent une grande difficulté à évaluer ce qui est leur faute dans les dysfonctionnements de leur couple, et ce qui résulte de l'attitude de l'autre.

L'attirance sexuelle

Mais alors, comment être certain qu'on aime ?

L'une des premières précautions à prendre en amour avec un adulte surdoué est de lui faire accepter de prendre ses distances avec un modèle idéal, un absolu, et de lui faire entendre qu'un bon couple n'est pas un couple qui ne connaît jamais de disputes, de problèmes, ou qui s'entendrait sur tout.

La qualité d'un couple tient essentiellement à la volonté partagée de ses deux membres de vouloir construire une relation chaque jour plus solide, et de la projeter dans l'avenir. Il faut dès lors être capable de considérer son couple comme une sorte de partenariat dans une entreprise – certes, la plus périlleuse – mais aussi la plus grisante. Sans pour autant que l'érotisme n'en soit évacué. C'est là qu'entre en jeu l'intelligence nécessaire pour toujours faire la balance – et chercher l'équilibre des deux plateaux – entre la solidité de la relation, la sécurité, la protection, l'entraide mutuelles, et l'attrait sexuel et l'intérêt pour la relation amoureuse.

Il n'empêche que cette belle rationalité à deux est sujette à l'irrationalité de l'attirance sexuelle. Sur un long terme, la question du désir, du plaisir, de la satisfaction sexuelle ou des frustrations des uns et des autres finira toujours par être évoquée du moins dans mon cabinet, ou par constituer quelques griefs qu'on peine à exprimer ouvertement avec son partenaire.

Comment parler ? Comment en parler quand le sujet n'a jamais été clairement évoqué ? Quand les charmes du plaisir narcissique, du simple sentiment amoureux se sont dissipés ? Il convient donc toujours d'être lucide et de faire la part, dans l'attachement qu'on a pour l'autre, de ce qui tient du corps, et de ce qui tient du cœur ou de la tête.

En général, les adultes surefficients intellectuellement savent mettre dans la balance ces deux aspects de la vie de leur couple – quand bien même, en grande majorité, comme pour les couples normaux, c'est le physique de leur partenaire qui les a attirés. Mais pas seulement. On l'a vu dans les exemples de couples surdoués célèbres, la majorité d'entre eux se sont dits « séduits » par l'intelligence, la culture, le talent ou la repartie de leur partenaire. Séduits, éblouis, enchantés. Ils sont alors heureux d'avoir enfin rencontré un être avec lequel ils vont pouvoir parler le même langage, nourrir leurs conversations de la culture et du regard de l'autre. J'ai évoqué plus haut les cas de Pierre et Marie Curie, de Mme du Châtelet et de Voltaire, et de Lavoisier et sa femme.

Les surdoués accordent moins d'importance à la qualité des relations sexuelles dans leur mariage que les autres couples. Le partage et la complicité sont souvent si intenses, si satisfaisants, assortis de la conscience aiguë de ce que cette rencontre a d'exceptionnel, que les adultes surdoués font souvent l'impasse sur leurs satisfactions sexuelles. Ou bien ils les recherchent ailleurs, sans attendre autre chose de ces relations extraconjugales que la réalisation de leurs fantasmes sexuels. Ils veulent avant tout préserver leur couple auquel ils tiennent fortement. Leur femme, ou leur mari, est à leurs yeux cette altérité qu'ils ont toujours cherchée, qu'ils ont fini par trouver et qui les complète.

Lorsqu'ils m'évoquent ces aventures extérieures, mes patients n'expriment aucune culpabilité. Ils ont rarement l'impression de vivre une double vie. C'est bien leur vie, mais une partie est maintenue en zone d'ombre, pour ne pas perdre ni blesser leur partenaire, ou compromettre l'harmonie qui préside à leur mariage.

Il y a d'ailleurs sur ce point une différence fondamentale entre les hommes et les femmes surdoués. La relation avec leur corps, avec le corps de l'autre regardé comme un objet extérieur, objet de projections érotiques, n'est presque jamais évoquée chez les femmes HP, qui préfèrent parler du comportement de leur partenaire à leur endroit. De même, l'esthétique du corps – hormis les préférences que chacun peut avoir pour les bruns ou les blonds, les grands ou les minces – entre rarement dans les fantasmes des femmes surdouées, tandis qu'elles restent un sujet fréquent dans mes consultations avec des hommes surdoués, comme s'ils édifiaient une clôture solide entre leurs activités sexuelles et leurs sentiments pour leur partenaire.

Ainsi, Philippe, marié depuis plus de trente ans, insiste sur l'amour puissant, profond, « inébranlable » qu'il éprouve pour sa femme, mais il avoue qu'il n'a jamais vraiment aimé, ni désiré son corps. Les images que son désir projette sont à l'opposé des formes de son épouse. Il réalise ses fantasmes avec des partenaires de rencontre, auxquelles il ne s'est jamais attaché même lorsque leurs relations ont duré plusieurs mois, voire plusieurs années, ce qui ne l'empêchait pas d'avoir des rapports occasionnels avec d'autres femmes ni de répondre au désir de la sienne.

> J'ai de très gros besoins sexuels qui sont potentialisés lorsque je suis avec des femmes dont le corps a une esthétique particulière, et cette esthétique, je lui accorde une importance prépondérante. Ce peut être la forme des fesses, la chevelure, le système pileux. Je n'entrerai pas dans les

détails mais ces détails, ces morphologies provoquent chez moi des érections de qualité, et une jouissance décuplée. Je ne crois pas que ma femme se doute, entre guillemets, de mes « écarts ». J'ai horreur du mensonge, mais je ne les lui avouerai jamais. Souvent, j'en ai eu le désir, pour alimenter le courant profond de complicité et de partage qui nous unit. Mais je crois qu'elle en souffrirait. Alors je m'abstiens. Et puis, le Philippe des « coups » de passage n'est pas le Philippe qui est à moitié constitué par Sylvie, sa femme, et qui a l'impression que le même sang coule en eux. Je ne sais pas si l'on peut parler de schizophrénie, mais c'est ainsi que je suis structuré et que je trouve mon équilibre... Vous savez, je suis bien conscient qu'on ne peut pas trouver tout son bonheur dans une seule femme : les échanges spirituels, intellectuels d'une Marie Curie, et l'anatomie d'une *play-mate* soumise et disponible.

Qui aimer ?

C'est enfoncer une porte ouverte que de rappeler le sentiment exacerbé de différence qui anime les surdoués. Impression générale et permanente, présente depuis l'enfance, d'être à part, décalé, ailleurs, de parler une autre langue.

Ce décalage a des effets dans la perception du monde de ces adultes, bien moins sensibles aux normes sociales, aux interdits et aux conventions imposées par la société. Non qu'ils soient anarchistes dans l'âme ou réfractaires à toute loi, mais ils veulent et aiment comprendre.

Ils remettent en question le bien-fondé des normes, s'interrogent sur leur origine, les étudient, et finissent toujours par contester leur légitimité. Ils préfèrent *intuitivement* l'éthique à la morale. Ils attendent qu'un interdit soit raisonnablement justifié, et demandent les preuves des arguments qu'on leur présente. Il semble même que leur code de conduite personnel soit fondé sur cette rationalité pointilleuse au nom de laquelle ils observent, ou pas, scrupuleusement les lois sociales, ou sociétales.

Cette attitude intellectuelle a des conséquences, notamment en matière sentimentale. Les surdoués envisagent l'amour au sens large. Ils n'établissent généralement pas de hiérarchie. À leurs yeux, et de fait dans leur vie, l'amitié revêt autant d'importance, suggère autant de vibrations dans leurs vies spirituelles, induit autant d'attente et de transports que l'amour. À leurs yeux encore, si leur cœur est attiré par une personne du même sexe, et si cet élan s'assortit d'un désir physique, il n'y a pas de raison de ne pas suivre ce penchant.

C'est que les surdoués ne subissent pas la censure que la société et la morale, comme nos codes culturels, ont opposée aux unions libres, ou aux amours homosexuelles – même si aujourd'hui ces relations sont de plus en plus admises, voire encouragées. Comme l'écrit rudement Elena Ferrante dans « Le Récit masculin du sexe » : « Si nos grands-mères se reconnaissaient dans l'abandon passif au désir d'un homme, à condition de taire que leurs orgasmes étaient rares, pour ne pas dire inexistants, nos filles se reconnaissent dans l'activisme érotique le plus effréné, à condition de taire que toute cette agitation est le résultat d'efforts parfois pénibles pour s'adapter à des comportements qui font surtout le bonheur des hommes. »

Ils sont de surcroît nantis d'une extrême imagination qui se conjugue souvent avec leur réticence à appliquer les règles morales de convenance, s'ils jugent que celles-ci sont contraires à la dynamique et à la bonne santé de leur couple.

Ainsi, Héloïse, chef d'entreprise, 38 ans, un enfant, mariée depuis quinze ans, se plaint de ne plus éprouver de désir pour son conjoint, alors qu'il l'a satisfaite pendant les huit premières années de leur vie commune. Par crainte qu'il se lasse d'elle, comme par peur de « s'ennuyer sexuellement » avec lui, Héloïse lui avait proposé plusieurs fois d'inviter un autre couple à leurs ébats.

> Dans un premier temps, cette pratique, tout à fait ponctuelle, nous a permis de partager nos fantasmes lors de nos relations, mais petit à petit ces fantasmes sont tombés dans une sorte de routine, et je m'ennuie.

Pour éviter cela, Héloïse a proposé des gestes, des pratiques nouvelles, mais son mari s'est montré de plus en plus réticent, voire effrayé par la liberté avec laquelle, sans complexe, sans retenue et sans rien de « vicieux », précise Héloïse, elle a abordé la question de leurs rapports sexuels.

> Depuis que nous avons un enfant, il semble s'être replié dans sa coquille, comme si notre amour avait acquis un autre statut. Je lui ai proposé, de nouveau, pour réveiller notre envie pour l'autre, de recevoir un autre couple. Il a refusé net. Il a prétexté notre statut de parents. J'ai respecté son veto, mais je suis restée insatisfaite sexuellement. J'aime mon mari, je partage énormément de choses, d'idées, de projets avec lui et je n'ai aucune intention de me séparer de lui. J'aimerais pouvoir lui avouer mon insatisfaction sexuelle qu'il n'ignore pas, mais je crains de provoquer une défiance. J'ai peur de le blesser dans sa virilité et qu'il me fasse porter la faute. Je ne sais toujours pas

comment je pourrais faire évoluer nos relations. Parfois, je l'entends penser « Tu me fais peur ». J'ai trouvé une sorte d'exutoire : je satisfais mes désirs et mes fantasmes avec un homme marié, et qui a bien l'intention de le rester. De nouveau, avec lui, j'ai du plaisir ; et j'éprouve du désir pour lui lorsque nous ne sommes pas ensemble… Je ne veux pas quitter mon mari, mais je souffre de ne pas vivre à fond cette histoire avec mon amant. Je loue la chance que j'ai, qu'il ne veuille pas quitter sa femme. J'aurais horreur de faire souffrir mon mari, et notre enfant…

Vivre seul, vivre à deux

Dans leurs relations « traditionnelles » de couples, les surdoués ne consentent pas toujours à conjuguer amour et vie commune.

Ce n'est pas parce qu'ils rêvent d'une rencontre et d'un amour intense qu'ils jugent nécessaire de passer 24 heures sur 24 avec l'élu de leur cœur. Bien au contraire. Ils sont très souvent animés par la peur de voir leur sphère intime, leur isolement plus que leur solitude, violés par la présence continuelle de leur moitié. De plus, leur intense activité intellectuelle leur impose des moments de retraite, pour « calmer » le tourbillon de leurs pensées ou parvenir à les discipliner. Il leur faut du calme, et ils supportent mal les bruits « parasites » à leur réflexion. Une demande futile, une conversation remplie des platitudes du quotidien qui nous semblent si délicieuses, le cri des enfants les plongent dans un désarroi intense, voire une terreur née d'une impression d'agression continuelle – et le sentiment qu'ils ne pourront pas faire face à leur statut de mari, de femme ou de parent. Le sentiment d'imposture renaît alors, d'une manière sourde, et c'est ainsi toute leur aptitude à aimer, à satisfaire l'attente du partenaire qui est remise en cause.

L'adulte surdoué incapable de s'adapter au rythme quotidien et classique d'un couple et d'une vie de famille pourra opposer aux attentes et aux demandes qui lui sont faites une sorte de mutisme. Certains de leurs conjoints avancent le mot d'autisme pour qualifier ce retrait dans la sphère intime et les pensées intérieures.

Ainsi Éric, 58 ans, a pris rendez-vous dans mon cabinet, non pas pour se faire tester, mais pour exposer ses difficultés conjugales avec son épouse Sarah, surdouée :

> Je suis marié à une femme dotée d'un QI de 140 depuis vingt-cinq ans. J'ai 58 ans. Je suis chercheur scientifique, elle est enseignante. J'ai de gros problèmes de relations avec ma femme, et j'éprouve une frustration continue. J'aimerais pouvoir communiquer et échanger avec elle. J'ai besoin de ce dialogue. Elle ne l'entretient jamais. Elle n'initie aucun sujet de conversation. Elle ne fait jamais aucune proposition pour la vie quotidienne et se contente de répondre brièvement, rapidement et clairement à mes questions. Elle résout les problèmes vite, efficacement puis retourne à ses réflexions, et je me sens brusquement lâché dans un grand vide. Elle a souvent besoin de s'isoler et j'ai la sensation d'être abandonné, désaimé. J'ai été élevé par une mère qui nous a appris que lorsqu'on aimait, on se parlait, on exprimait ses sentiments, on restait à l'écoute de l'autre. Sarah, ma femme, a eu une mère qui redoutait l'extravagance de sa fille quand elle exprimait ses idées. Dès son plus jeune âge, elle lui a interdit de parler. Elle avait peur de la voir prendre la parole. Elle exigeait que sa fille l'écoute. Je crois que sa mère cherchait à se rassurer.

Aujourd'hui, Sarah est devenue quasiment muette avec moi, et j'ai le sentiment qu'elle me méprise.

Il me semble évident que ce témoignage révèle la difficulté pour une surdouée à s'adapter à la vie de couple et que ce mode de fonctionnement, incompris par Éric, a conduit à cette situation d'impasse, à ce constat d'échec irrécusable. Sarah aurait sans doute mieux fait de ne pas entrer dans le cadre classique d'un mariage, ou bien, une fois qu'elle a eu connaissance de sa douance, révélée au hasard d'un test suggéré par une amie lors de ses études à l'École normale supérieure, elle aurait eu intérêt à une thérapie de couple spécialisée dans le domaine de la douance, à la fois pour apprendre le langage amoureux de son époux, mais aussi pour que son époux puisse comprendre ses spécificités, ses blocages et ses besoins profonds – vitaux – d'isolement. Cette explication de texte, de part et d'autre, aurait épargné à Éric de demander le divorce, comme de tomber des nues quand il a mesuré le désespoir dans lequel Sarah a sombré à cette annonce.

Cette réticence à envisager la vie à deux est fréquente chez les surdoués et, phénomène qui traduit l'évolution de la société et du statut amoureux aujourd'hui, je la rencontre de plus en plus souvent chez des jeunes femmes surdouées, conscientes des singularités que leur attribue leur douance, qui se connaissent et s'acceptent ainsi.

Elles avouent souvent une approche sceptique du mariage, qu'elles envisagent « cliniquement », au travers des incidences que la vie à deux pourrait avoir sur leur équilibre et sur leur carrière personnelle. Lorsqu'elles rencontrent un candidat potentiel à une relation durable et constructive, elles s'astreignent à un temps d'analyse. Elles observent, attendent, choisissent avec attention, et dans certains cas, renoncent à poursuivre leurs rencontres. Et elles sont capables de signifier son congé à leur ami avec une franchise qui frôle la brutalité : l'une d'elles m'a raconté pendant une consultation qu'une fois sa décision de rompre prise, elle était passée à l'acte en envoyant un… texto à son ami !

Ces jeunes femmes n'agissent pas par cynisme, ni mues par un égoïsme forcené. Elles n'entrent pas davantage dans la catégorie des amours-Kleenex, celles qu'on jette à peine consommées. La connaissance qu'elles ont d'elles-mêmes leur apporte une lucidité sur leurs attentes et le destin qu'elles envisagent pour elles-mêmes. Le monde des idées et des découvertes, les jeux de l'esprit et le plaisir intellectuel à réussir dans un projet et à construire une carrière les séduisent infiniment plus que fonder une famille.

> Ce qui semble normal pour quelqu'un de 20 ans me semble une terrible perte de temps. *Laetitia, 35 ans.*

Elles ne sont pas matérialistes, elles sont entières, intègres, passionnées. Leur investissement dans le travail les absorbe tout entières et les écarte des tentations de l'amour, conçu sur le mode du mariage :

> Je ne pourrais pas avoir les responsabilités professionnelles que j'ai actuellement si j'avais une famille. Je rentre tard et bien souvent, je travaille le soir. Je me rends souvent à l'étranger. J'ai besoin de temps pour me recueillir, pour réfléchir, pour élaborer mes stratégies. Ces activités m'absorbent à 150 %. Il ne reste rien de moi que je

pourrais offrir à mon couple, ou à ma famille. Je suis incapable de me partager. Je dois tout faire à fond, presque compulsivement. Ce sera le travail ou la famille. Pour l'instant, je choisis le travail. *Corine, 32 ans.*

Ou bien encore, ce témoignage d'Eva, 22 ans :

Cette façon de draguer, de séduire, tout ce que semblent désirer et qui excite mes contemporains me dépasse. Quand je les suis, j'ai la sensation de me vider de mon énergie, et même, comment vous dire ? de me polluer.

Interprétée comme une absence d'amour véritable par le partenaire, cette réticence à la vie commune conduit la plupart du temps à une rupture, et dès lors, à la souffrance aiguë qui en résulte. Car ce n'est pas parce qu'ils sont retenus dans leur désir de vivre 100 % de leur temps avec l'élu de leur cœur, que les surdoués envisagent de renoncer à cet amour. Pour autant, la crainte de la rupture n'est pas non plus un aiguillon suffisamment puissant pour obliger les surdoués à accepter de franchir le pas… Comme le confesse Noah, 40 ans, qui se sent dès lors piégé, englué dans une irrésolution malsaine :

Comment vous dire ? Je suis métis. Mon père est africain, ma mère est française, et j'ai appris, dès l'école, que j'étais surdoué parce que ma mère m'a fait tester : j'avais deux ans d'avance et pourtant, je continuais à m'ennuyer en cours. Ne croyez pas que j'en tire une gloire ou un bonheur particuliers. Mon QI, si tant est qu'il veuille signifier quelque chose de moi, a achevé de me mettre sur la touche. Depuis que je suis enfant, je vis l'exclusion des Noirs, l'exclusion des Blancs, et l'exclusion des groupes de mon âge avec qui j'aurais aimé au moins jouer, ou nouer une relation d'amitié. Je crois que j'ai très vite appris à me taire. À « m'écraser ». Ou bien est-ce dans ma nature profonde de m'exclure ? J'ai longtemps souhaité rencontrer une femme, être amoureux, et j'ai fini, il y a quatre ans, par tomber sur une jeune femme passionnée comme moi par le bouddhisme et la philosophie orientale. C'est elle qui a fait le premier pas et j'ai été sidéré de lui plaire. Aujourd'hui, elle aimerait qu'on vive ensemble. Elle voudrait fonder une famille, avoir des enfants. L'idée d'une vie commune me terrorise et celle d'avoir des enfants me blesse : leur imposer ce que j'ai vécu ? Impossible. Je me bloque. J'entre en panique. Et pourtant, je l'aime. Je suis certain de l'aimer et je ne veux pas la perdre, ce qui ne manquera pas d'arriver si je ne me décide pas.

Là encore, cette impasse dans laquelle s'engouffrent beaucoup de surdoués, ce « ni avec elle (ou lui) ni sans elle (ou sans lui) » invivable pour beaucoup de leurs partenaires, serait évitée, ou contournée grâce à une consultation et à un accompagnement thérapeutique, car il peut s'agir des effets de mécanismes de défense particuliers à la douance. Ceux-ci, comme le faux self que j'évoquerai plus loin dans cet ouvrage, ont été mis en place dès l'enfance. Anna Freud leur a consacré une étude en 1936 : *Le Moi et les mécanismes de défense.* À sa suite, les psychiatres les ont pris en compte dans leur travail d'analyse, débattant notamment sur leur statut de processus volontaire ou non. Ils ont en général conclu que dans leur grande majorité, les individus ignorent qu'ils mobilisent des mécanismes pour faire face à certaines situations, et sont donc incapables d'évaluer leur adaptation à l'événement qu'ils affrontent. Apprendre à les identifier et à la gérer est un travail abordé en thérapie.

Il semble ainsi que dans ces mécanismes de défense, les surdoués aient tendance à utiliser plus que les personnes normales le mécanisme de la sublimation. C'est un mécanisme qui permet à tout un chacun de réduire de façon agréable les tensions qu'il supporte dans la vie quotidienne. Il consiste à canaliser des sentiments ou des pulsions potentiellement inadaptées vers des comportements socialement acceptables. En règle générale, la sublimation s'opère dans la pratique des loisirs. Ainsi la colère sera-t-elle canalisée dans des sports de contact.

Or les surdoués sont, beaucoup plus que les individus normaux, « soumis » aux pressions que leur imposent leur différence et leur décalage. Ils ont alors habituellement recours à la sublimation : elle leur permet de s'aménager un espace à soi, et d'apaiser un état latent d'inquiétude ou de dépression existentielle. La grande majorité d'entre eux s'adonnent à des activités artistiques, et singulièrement à la musique. Beaucoup d'autres encore se tournent vers la spiritualité, la théologie, voire envisagent de vivre sur un mode religieux, même s'ils n'entrent pas pour autant dans les ordres. Ces choix influent sur leur conception de leur relation amoureuse, quand ils en nouent une. Ils semblent privilégier une mise à distance de l'autre, avec lequel ils préfèrent n'avoir que des rapports épisodiques, choisis et une sexualité sporadique. Si les deux éléments du couple envisagent leurs relations sur ce mode, leur histoire peut perdurer toute la vie. Si l'un des deux seulement le propose à l'autre, des tensions apparaissent rapidement. Notamment dans le couple marié, où la question des rapports sexuels peut se poser douloureusement.

Mon mari ne supporte plus mes heures de répétition et le travail de mon piano. Il prétend que pendant les premières années de notre mariage, je ne m'y consacrais pas autant. Il oublie le temps que me prenaient les enfants. Il supporte aussi mal que j'aie envie d'avoir beaucoup moins de relations physiques avec lui, sans que j'aie cessé pour autant de l'aimer. Je lui ai dit que j'avais le sentiment de nous purifier, de nous exalter ensemble en raréfiant ces rapports sexuels. *Alexandra, 48 ans.*

Par ailleurs, si la sublimation est un mécanisme de défense heureux, parce qu'elle transforme un déplaisir en plaisir, elle peut avoir un effet délétère chez les surdoués qui ont naturellement tendance à surinvestir les activités qu'ils pratiquent. Ces activités peuvent augmenter leur bouillonnement intérieur – et les relations avec le compagnon ou la compagne vont devenir de plus en plus problématiques – ou s'offrir comme une échappatoire au monde, et donc renforcer leur isolement.

5

Amour/amitié…
La question de l'homosexualité

> « Dans la vie,
> comme sur la palette de l'artiste,
> il n'y a qu'une seule couleur
> qui donne sens à la vie et à l'art –
> la couleur de l'amour. »
>
> Marc Chagall

Précautions d'usage

J'aborderai cette question par quelques principes de précaution. À la suite d'Alfred Kinsey[1], je précise que les mots « homosexuel », ou « lesbien », ne peuvent être utilisés que comme des adjectifs. Ils décrivent non pas des personnes, mais des comportements sexuels qui ne peuvent définir les individus qui les pratiquent, ni les réduire à cette pratique, et d'autant moins que ces comportements sont sujets à changements dans la vie, et parfois, plusieurs fois dans une vie.

Enfin, je n'aborderai pas ici l'aspect politique ou idéologique qu'on attache aujourd'hui aux questions de la sexualité, et qui président à de nombreux mouvements féministes, ou LGBT. Il faut toutefois signaler une évolution aussi rapide qu'importante sur ces questions au cours des dernières années, qui tend à présenter toute sexualité comme un comportement naturel qui ne peut exclure ni bannir aucune représentation personnelle de son exercice – ainsi faire l'amour avec un individu de son sexe.

Contraception aidant, on a peu à peu cessé de décréter qu'il y avait une seule norme pour la sexualité, fondée exclusivement sur l'acte de reproduction. Affirmer que seule l'hétérosexualité est la norme, et l'homosexualité une déviance, une perversion, est désormais présenté comme un point de vue purement idéologique, une construction arbitraire historiquement fondée par le patriarcat sur le principe de sauvegarde de l'ordre social par le contrôle des naissances[2].

Cette remise en cause des normes qui fondent l'ordre social depuis quelque deux mille ans en Occident est désormais couramment admise dans nos sociétés, et ce changement de perspective a bien sûr un effet sur la jeune génération, qui l'a largement intégré.

Dans mon cabinet, je note d'ailleurs une différence de regard sur l'homosexualité, selon que mes patients ont moins de 40 ans ou plus. Aux yeux de la première tranche d'âge, elle est rarement vécue comme une transgression préjudiciable – même si l'avis et les réactions de la famille à son annonce comptent encore. Pour les hétérosexuels, elle est plutôt ressentie comme une alternative, un choix amoureux dont on n'exclut pas la possibilité, non pas dans le sens d'une expérience nouvelle, mais dans la perspective d'une rencontre avec un être capable d'apporter tout ce qu'on attend d'un amour dans la vie. Pour la seconde tranche d'âge – et alors qu'il y a une ouverture d'esprit manifeste chez ces patients –, l'homosexualité est ressentie à l'aune de l'opprobre dont elle était encore frappée dans les années soixante et soixante-dix et jusqu'aux années quatre-vingt-dix. Nul n'échappe à son éducation ni aux codes de la bienséance en cours dans la société et la culture auxquelles il appartient.

On trouve une représentation importante d'homosexuel (les) dans la population des adultes surdoués et plus particulièrement chez les femmes, ou du moins chez celles qui viennent consulter puisque, selon les statistiques, la répartition de femmes homosexuelles est relativement la même dans les deux populations. Mais l'approche de ce thème diffère tellement selon qu'on l'envisage du point de vue des hommes et du point de vue des femmes que je dois le présenter séparément.

Beaucoup de mes patientes, parvenues à la bonne moitié de leur vie, et principalement lorsqu'elles sont célibataires soit par choix, soit au terme d'un divorce, soit parce qu'elles ne sont jamais parvenues à trouver un partenaire avec qui instaurer une relation stable et fructueuse, trouvent l'amour, l'entente et une vie commune harmonieuse avec une autre femme. Dans cette catégorie, je reçois beaucoup de patientes surdouées qui viennent consulter parce qu'elles s'interrogent sur ce virage dans leur vie sentimentale et ce qui a pu l'amorcer.

Une approche nouvelle de l'homosexualité chez les femmes

Il y a celles que ce pas franchi a libérées, et elles ont besoin de se découvrir, d'apprivoiser cette facette de leur personnalité qui leur était totalement inconnue, de renouer avec elles-mêmes et leur vérité intime.

Il y a celles qui consultent parce qu'elles sont préoccupées par la tentation de nouer une relation saphique, sans trop comprendre d'où leur vient cet attrait nouveau pour les femmes. Fantasme sans suite et sans consistance ? Prédisposition naturelle, qu'elles auraient longtemps étouffée, ou qui ne se révélerait que sur le tard ? Solution par défaut parce qu'elles n'auraient toujours pas trouvé l'âme sœur chez un homme ? Ou bien, pour ces êtres à l'empathie paroxystique, imprégnation d'un courant de société aujourd'hui plus favorable à ces amours ?

La clinicienne que je suis ne peut pas apporter de réponse générale à ces questions très personnelles, que les surdouées se posent. C'est d'ailleurs en se les posant, en explorant leur passé, leurs souvenirs qu'elles trouvent la réponse, mais ce travail d'introspection n'est pas si facile. C'est qu'en matière d'attirances sexuelles, la formation des goûts et des caractères s'élabore d'une façon mystérieuse qui tient à la fois aux gènes, à la chimie du cerveau, à l'histoire personnelle et à l'éducation – sans oublier le milieu culturel général dans lequel chacun baigne dès la naissance.

La difficulté, pour les surdouées qui s'interrogent sur la réalité et l'origine de leurs désirs homosexuels, tient à la nature même des affects féminins. Dans mon cabinet, quand je leur demande de se décrire, la grande majorité des surdouées dressent leur portrait par le biais d'une relation. Elles s'identifient au travers de leur rôle de mère, d'amante, ou d'épouse bien plus qu'au travers de ce qu'elles ont accompli, tandis que la majorité des hommes se définissaient par leurs activités professionnelles, leurs idées ou leurs réussites et cela, à niveau professionnel égal pour les deux sexes. Il est d'ailleurs ressorti des études sur la douance, depuis celle de Terman et Oden en 1947[3] jusqu'aux plus récentes, que les relations proches et profondes sont aussi importantes et centrales dans la vie des femmes que la réussite l'est dans la vie des hommes.

Quant aux affects féminins, ils sont, ou ont besoin d'être, beaucoup plus intenses que les affects masculins en général – alors que dire des affects des surdouées ! Si elles ont la réputation de ne pas se disperser en « relations » superficielles, elles vivent leurs amitiés avec la force d'une relation amoureuse. Peut-être parce qu'elles éprouvent autant de difficulté à trouver cette amie enfin qui les comprend que l'homme avec qui elles pourraient envisager de partager leur vie. Il est vrai qu'en général, les divergences entre leurs centres d'intérêt et ceux de leurs contemporaines sont immenses. Par ailleurs, leur investissement presque compulsif dans leurs études leur interdit de « se gaspiller » dans ce qu'elles estiment être des bavardages et des futilités.

Quant aux préférences amoureuses, elles se précisent dans un échange double et permanent avec le monde et ses semblables et l'expérience que chacun fait des rencontres amoureuses, qui peuvent être heureuses ou malheureuses, et dans cette fourchette, constructives (il y a des expériences malheureuses qui consolident une personnalité grâce à une excellente résilience) ou destructrices (selon la personnalité du partenaire et l'emprise qu'il exerce sur l'autre).

La relation avec les autres est donc fondamentale pour tout un chacun mais elle l'est peut-être plus encore pour les femmes surdouées, dont un des talents particuliers est d'exceller dans le lien et l'empathie, au point parfois de se définir comme de véritables « éponges ». Désirée par une autre femme qui saura leur faire une cour comme le ferait un homme – et selon certaines, plus finement, plus efficacement encore qu'un homme –, la surdouée reçoit ce flux amoureux intense, qui finit par la déborder et auquel son immense empathie naturelle lui demande de répondre. Le fera-t-elle pour autant ? Les freins peuvent être nombreux : poids de l'éducation, peur de la réaction de l'entourage – les enfants, la famille – situation affective – célibataire, divorcée, mariée ; et a contrario les incitations – la politique, le féminisme protestataire, des attouchements ou des viols subis dans l'enfance… L'aventure pourra aussi être éphémère, ou répétée, ou ne pas être envisagée comme monogamique : beaucoup de surdoués, hommes ou femmes, répugnent à mener une vie sentimentale parallèle à l'officielle. La détestation du mensonge qui les caractérise les pousse à l'aveu, et souvent aux catastrophes. Enfin, l'âge joue un rôle extrêmement important dans le passage à l'acte, et la capacité à mener de front des aventures passagères et une relation continue. Les jeunes femmes opposent bien moins de réticence que leurs aînées à vivre des aventures extraconjugales, qu'elles soient en couple homosexuel ou non. Quant aux couples homosexuels masculins, le vagabondage de l'un ou de l'autre est en général très admis et couramment pratiqué, ce qui n'évite pas, lorsqu'un sentiment se noue avec l'une de ces relations de passage, la jalousie, la souffrance et les déchirures.

Enfin, c'est une caractéristique des surdoués – et plus précisément des surdoués de nature extravertie – de détester les demi-mesures en matière de sentiments. Aussi, les femmes à haut potentiel ont-elles souvent des histoires d'amitié aussi fortes que leurs histoires d'amour. Elles sont d'une nature exclusive, enflammée et parfois ombrageuse. Une brouille ou une rupture a le pouvoir de les plonger dans le même chagrin, la même douleur.

Surdouées ou pas, les femmes sont capables de nouer des liens très forts avec leurs amies, liens exclusifs qui parfois peuvent se concrétiser dans des rapports physiques. Il y a ainsi, dans l'histoire de la littérature notamment, de nombreux cas de femmes mariées, attachées à leur mari voire véritablement amoureuses, qui ont connu des histoires d'amour passionnées avec d'autres femmes, quelquefois mariées elles aussi.

J'ai évoqué, dans les premiers chapitres de cet ouvrage, le cas de Virginia Woolf et de Vita Sackville-West ; de Colette et de Missy – cette dernière revendiquant résolument l'aspect et le statut d'un homme dont elle portait l'habit. Il y en eut beaucoup d'autres, comme Marguerite Yourcenar, surdouée, érudite et écrivain sur-talentueuse. L'attirance pour son propre sexe – elle en fait le fond de son premier roman *Alexis ou Le Traité du vain combat* – ne l'a pas empêchée de tomber éperdument amoureuse d'André Fraigneau, lui aussi homosexuel, qui repoussera ses avances sans ménagement. Pour autant, Marguerite Yourcenar ne renoncera pas à tenter de jeter des ponts entre eux. Les lettres qu'elle lui a adressées, et ce beau poème écrit des années plus tard, à la mort d'André Fraigneau et que je reproduis, parlent d'eux-mêmes de la qualité et de la profondeur de l'amour qu'elle lui portait :

Vous ne saurez jamais que votre âme voyage
Comme au fond de mon cœur un doux cœur adopté
Et que rien, ni le temps, d'autres amours, ni l'âge
N'empêcheront jamais que vous ayez été ;

Que la beauté du monde a pris votre visage,
Vit de votre douceur, luit de votre clarté,
Et que le lac pensif au fond du paysage
Me redit seulement votre sérénité.

Vous ne saurez jamais que j'emporte votre âme
Comme une lampe d'or qui m'éclaire en marchant ;
Qu'un peu de votre voix a passé dans mon chant.

Doux flambeau, vos rayons, doux brasier, votre flamme
M'instruisent des sentiers que vous avez suivis,
Et vous vivez un peu puisque je vous survis.

Sans doute, chez la plupart, cette indépendance vis-à-vis du groupe lesbien est-elle due, là encore, à un caractère du surdon : difficilement réductible à son genre, à sa religion ou à son groupe ethnique, l'individu surdoué l'est tout aussi peu à sa sexualité, lorsqu'elle est considérée comme une appartenance communautaire. Par ailleurs, beaucoup de surdouées d'une nature extravertie, tout en refusant le communautarisme, trouvent un réconfort particulier dans l'homosexualité. La marginalité de cette pratique, du moins selon l'opinion sociale, correspond parfaitement à la leur, au sentiment de décalage et de différence qu'elles ressentent à cause de leur douance avec le groupe d'individus lambda.

Je n'ai pas renoncé à rencontrer un homme, et je ne me considère pas comme résolument homosexuelle. Toutes mes relations n'ont pas été harmonieuses et avec certaines, j'ai connu des problèmes de couple, peut-être pires que ceux que traversait ma sœur ou que j'aurais connus avec un mari. Mais comme nous étions toutes, QI ou pas, regardées comme des transgressives, je me suis toujours sentie « en famille » avec elles. Mon sentiment de solitude, qui a pu être grand et douloureux avec deux de mes compagnes, s'en est trouvé considérablement allégé dans l'ensemble. *Lydie, 54 ans.*

Pour d'autres surdouées, le sexe est une manière de fusion. L'art de traduire l'incandescence de leurs sentiments, de s'unir dans une dimension plus haute qui peut être l'art, la spiritualité et ainsi, de « consommer » leur passion qu'elles partagent avec d'autres femmes. Nous retombons là, sans doute, pour le peu que leur correspondance révèle, sur le cas des femmes de lettres célèbres que j'ai précédemment citées. Charles Baudelaire a saisi comme personne l'essence de ces affections. Il leur a consacré des écrits d'importance dans son recueil des *Fleurs du mal*. Le poète a retrouvé chez ces femmes qu'il a appelées les « chercheuses d'infini » des thèmes qui lui étaient chers. Comme lui, elles étaient mises au ban de la société et comme lui, des êtres de souffrance. Aux yeux de Baudelaire, selon Michel Delon, l'un des meilleurs connaisseurs du poète, « l'impossibilité de l'acte sexuel renverrait à la beauté baudelairienne : il ne s'agit pas de chercher le contentement, mais encore le désir, appelant par là l'infini et l'inconnu. Cette beauté qui réside également, pour Baudelaire, dans le bizarre qui est inhérent aux lesbiennes. En outre, on retrouve dans la description que fait le poète de l'antique île de Lesbos le thème du paradis perdu qu'il exploite dans d'autres poèmes du même recueil ».

Cette forme d'amitié singulière, plus que particulière, quand elle ne passait pas par le passage à l'acte, fut d'ailleurs fortement applaudie et encouragée au XIXe siècle, en France et en Europe. On les appelait les « amitiés romantiques ». On citait ainsi en exemple les échanges passionnés et passionnels entre Mme de Staël et Mme Récamier. Toute une iconographie de chromos, représentant ces amies alanguies, penchées l'une vers l'autre, livrées à des confidences brûlantes, a été distribuée par l'imagerie populaire, notamment en Angleterre. Il ne s'agissait pas là du lesbianisme revendiqué comme arme politique, comme on le vit en Grande-Bretagne dans les années vingt, à Oxford ou à Cambridge – mouvement suivi d'ailleurs par les jeunes hommes de ces mêmes universités, à Berlin ou aux États-Unis. Ni même d'homosexualité – mais d'une formule de démonstration amicale propre aux femmes.

« Les surdouées sont-elles plus prédisposées que les autres femmes à tenter l'aventure homosexuelle ? »

C'est la question que m'a posée un jour une de mes patientes. Je ne possède aucune statistique ni idée préconçue en la matière. J'ai pu répondre à cette femme d'âge mûr, veuve, qui avait décidé de vivre en couple avec une femme rencontrée peu de temps auparavant, que les surdouées qui vivaient la même expérience que la sienne m'avouaient avoir franchi le pas car elles avaient pu entamer, avec leur nouvelle compagne, un échange et un partage de vues et d'idées bien plus intense qu'avec aucun autre homme. Il semblerait d'ailleurs que les amitiés féminines, chez les jeunes générations, soient de plus en plus construites sur ces entre-deux, où l'on fait de moins en moins la part entre l'amour et l'amitié. La psychologue Shere Hite a publié une étude passionnante sur ces nouveaux comportements des femmes entre elles[4].

Elles avaient le sentiment d'être mieux comprises et entendues, qu'une complicité spontanée pouvait s'instaurer quel que soit le sujet de conversation. Elles étaient heureuses d'être « écoutées ».

> Avec mon amie, au contraire de mon mari, je peux enfin prendre la parole. Non que mon mari n'ait pas aimé parler avec moi, mais il ne le faisait pas en profondeur, en finesse comme elle. C'était plus factuel qu'analytique. Et lorsqu'il était question de plaisir, de désir ou d'exprimer son amour, il n'y avait plus de mots. Le rapport sexuel lui semblait le summum de la déclaration d'amour. Il me désirait : je devais donc en déduire qu'il m'aimait toujours. *Jeanne, 56 ans*.

Enfin, toutes celles qui étaient en mesure de comparer une vie commune avec l'un ou l'autre sexe avançaient deux arguments « forts » en faveur de leur relation homosexuelle. Le premier était une légèreté de vie, voire une intelligence de vie quotidienne sans pareille avec un conjoint « pesant, compliqué » et parfois autoritaire, voire tyrannique. Elles reconnaissent enfin un meilleur partage des tâches au domicile, une rapidité d'exécution dans les décisions prises. Celles qui avaient commencé leur vie sentimentale avec une relation masculine disent avoir désormais une vie bien plus harmonieuse avec leur compagne.

> Mon mari est intelligent, solide et généreux. Mais il faisait souvent passer son confort personnel avant mes désirs. Les choses matérielles étaient prépondérantes dans notre

quotidien. Notamment la qualité et la ponctualité des repas lorsqu'il était à la maison. *Jeanne, à nouveau.*

Le qualificatif qui revient peut-être le plus souvent chez les femmes converties à l'homosexualité après un mariage ou une relation de couple hétérosexuelle, c'est « complice ». Et le mot récurrent est « liberté ». Entre elles, les surdouées découvrent une intelligence de vie unique. Chacune appliquée à aider l'autre à trouver dans sa propre liberté l'occasion de déployer ses talents personnels.

> Je vis depuis deux ans avec une jeune femme surdouée elle aussi. Nous nous sommes rencontrées dans un tournoi d'échecs. Nous avons des discussions passionnées sur des tas de sujets. Mais souvent, l'une ou l'autre, nous avons besoin de nous concentrer et d'être seules. L'autre le comprend et le respecte. Pas besoin d'explication, ni de se justifier… *Fanny, 34 ans.*

La seconde raison qui confirme ces transfuges dans leur choix, c'est le plaisir physique. Dans l'intimité de leurs rapports, ces surdouées se sentaient là encore mieux connues dans leurs plaisirs, plus entendues, et mieux écoutées dans leurs demandes et dans leurs attentes. « La plus belle chose qui existe dans un amour lesbien, c'est d'être tendre et de discuter en même temps[5]. »

Dans mon cabinet, les surdouées homosexuelles parlent plus fréquemment de leurs orgasmes que les hétérosexuelles. Certaines d'ailleurs ont parfaitement fait le lien entre leur hypersensualité, cette exacerbation des sens qui est propre aux surdouées, et le plaisir immense qu'elles ont trouvé dans leurs relations avec d'autres femmes.

Le remords m'a rongée longtemps quand j'ai eu pour la première fois une relation avec une femme, rencontrée par hasard dans un cabinet d'esthétique. J'ai ressenti un désir violent quand elle m'a touchée. Nous avons couché ensemble dans l'instant. Je ne m'y attendais pas. Depuis, j'ai des aventures saphiques avec des partenaires différentes. Avec elles, mon plaisir est d'une qualité tout autre que celui que j'ai avec mon mari. D'ailleurs, je ne les compare pas. Avec les femmes, il ne s'agit que d'orgasme, jamais d'amour. Mon mari est intelligent, compréhensif mais peut-être pas au point d'accepter ma sexualité si je la lui révélais. J'ai longtemps réfléchi à ce mensonge. Jusqu'au moment où j'ai réalisé que je ne le trompais pas. Aucun autre homme ne me touche. Avec ces partenaires, je n'engage rien de sentimental. C'est du sexe pur. *Eva, 36 ans.*

Encore faut-il qu'elles osent franchir le seuil entre hétérosexualité et homosexualité, ce qui n'est pas un choix si évident pour toutes. Pour certaines, notamment celles qui ont une forte ambition professionnelle, la relation homosexuelle a l'avantage de simplifier leur vie, et leurs relations toujours compliquées et souvent douloureuses, sources de conflit, avec un partenaire s'en trouvent aplanies, adoucies. Cette simplification n'évacue pas pour autant le désir d'enfant ni le projet de fonder une famille. Quant à la décision d'avoir recours à une FIV, elle est beaucoup plus difficile à prendre qu'il n'y paraît de prime abord. Elle se complique avec le questionnement des surdouées sur leur capacité à être de bonnes mères, à trouver en elles cet instinct qu'elles admirent chez les autres. Leurs prodigieuses facultés d'analyse, de projection de scénarios potentiels, d'évaluation des risques, freinent plus qu'elles n'encouragent leur instinct vital, et empêchent une décision qui ne requiert en général qu'un acte de foi en l'avenir.

> Ma vie sentimentale est un tremblement de terre permanent. Je suis constamment tiraillée entre des envies et des désirs contradictoires. J'ai eu des relations avec des hommes, toujours décevantes, toujours fugaces, alors que je suis attirée par des femmes. Je ne sais pas si c'est simplement à cause du sexe et du plaisir – je crois tout simplement qu'il n'y a qu'une femme qui peut comprendre une femme. J'aimerais rencontrer une « amie », une amante, vivre une histoire intense mais l'idée de vivre avec quelqu'un, de sacrifier ma solitude me déplaît. J'ai renoncé à la chercher. J'ai mis le curseur sur ma carrière. Je me sens encore moins prête à avoir un enfant. Je dois être trop égoïste. Ou plutôt, je ne veux pas renoncer à ma réussite, à la joie intense que j'éprouve à être reconnue, à prendre un leadership. En même temps, l'idée d'échouer en permanence sentimentalement m'effraie. J'ai des amitiés intenses, mais je les perds petit à petit à cause des mariages et des maternités qui m'éloignent de ces amies. Je sens bien qu'il me manque quelque chose et cette frustration reste en moi, tout le temps, en sourdine. *Camille, 29 ans.*

Et l'homosexualité chez les hommes surdoués ?

L'approche de l'homosexualité chez les hommes à haut potentiel diffère sensiblement de celle des femmes lorsqu'on évoque les rapports sexuels – quoique, là encore, ces différences tendent à s'estomper chez les jeunes générations, qui adoptent une plus grande homogénéité de comportements dans leur sexualité.

Les hommes en général n'associent pas de façon aussi étroite l'acte sexuel et le sentiment amoureux. (Mais là encore, les choses évoluent. La contraception et la libération des mœurs ont émancipé les filles d'aujourd'hui. Beaucoup d'entre elles abordent désormais les rapports sexuels avec une aussi grande liberté, un aussi grand pragmatisme que les garçons de leur âge.)

Exemptés de la pondération, voire de la censure, qu'une grande majorité de femmes imposent aux fantasmes des hommes, beaucoup de gays affichent sans complexe leur culture libertaire, et revendiquent leurs aspirations à une jouissance physique sans entrave. Depuis plusieurs années, cette communauté a mis les réseaux sociaux au service de cette culture, pour élargir la possibilité de rencontres rapides. De nombreuses applications permettent de mettre en relation les offres et les demandes sur des espaces géographiques très circonscrits. (Ces applis de rencontres furtives et éphémères, à but essentiellement sexuel, se sont développées un peu plus tard à l'usage des hétérosexuels.) C'est que le plaisir et la jouissance sexuelle, exclusifs de tout autre objectif, sont des buts clairement recherchés par beaucoup d'homosexuels de la communauté gay. Cela étant, il serait arbitraire de réduire l'ensemble des homosexuels aux militants de la culture gay. Ou, là encore, de vouloir faire des généralités. Il y a autant de différences, de caractères et de singularités qu'il y a d'individus chez les homosexuels comme dans l'humanité tout entière. Certains d'entre eux rejettent vivement l'idée d'une vie en couple, et plus encore du PACS ou du mariage. D'autres sont extrêmement fleur bleue ; rêvent d'un grand amour, d'un mariage ou d'un compagnonnage à vie.

Le surdon n'apporte pas de différentiel significatif à ces comportements généraux et variés, mais il amplifie les traits de caractère. Ainsi, l'imagination exacerbée d'un surdoué, alliée à des besoins sexuels souvent proportionnels à l'activité intellectuelle, comme je l'ai mentionné plus haut, induit chez certains la recherche de situations de plus en plus expérimentales. Philippe, 34 ans, que cette attitude a conduit à une grande solitude, résout mal l'écartèlement qui est le sien entre les désirs du corps et ceux de son esprit :

> Je souffre d'une très forte addiction sexuelle. À 11 ans déjà, je m'éclipsais pour aller au bois de Boulogne rencontrer des hommes âgés. Quand je suis arrivé en fac, j'ai découvert que des garçons se prostituaient et je les ai suivis, non pas pour l'argent seulement, mais pour la jouissance de traiter mon corps comme un objet offert aux autres et à leurs désirs. À 30 ans, je n'ai connu que deux relations suivies. L'une avec une fille – c'était génial, mais elle a rompu. Ça a duré un an. Et une autre avec un garçon qui n'a pas dépassé l'année, elle non plus. J'ai remarqué qu'il y avait une relation étroite entre mon activité intellectuelle et mes besoins. Plus je travaille, plus j'ai besoin de m'épuiser dans ces contacts physiques. Mais plus je sors, plus je me sens seul.

Dans la plupart des couples de surdoués établis, ces vagabondages sont tout à fait admis, même si, comme dans les couples féminins, certains préfèrent garder le silence sur ces relations exogènes. D'autres, par respect pour la liberté du partenaire, estiment n'avoir pas de question à poser ni de contrôle à exercer. Comme Michel, 49 ans, au QI exceptionnel, venu consulter pour ses grandes difficultés relationnelles au sein de son entreprise.

> Le meilleur garant du couple, c'est l'intelligence mise en pratique dans la vie quotidienne. Depuis quinze ans que nous partageons le même toit, nous savons tous les deux pourquoi nous sommes ensemble, ce que nous voulons et ce que nous ne voulons plus. Mon ami disparaît parfois quelques jours. Il me prévient par un texto. Je n'exige aucun détail. Il a dix ans de moins que moi. Nous n'avons plus le même rythme. Je ne dis pas que je n'ai pas un petit pincement au cœur quand il tarde un peu trop à rentrer. Mais sa présence à mes côtés est bien plus importante que ses quelques absences. Nous travaillons côte à côte dans le même secteur créatif. Nous nous épaulons. Nous nous comprenons au quart de tour. Le sexe a été très important pour nous, au début. Pas assez aujourd'hui pour provoquer une rupture. Et puis Alban est le seul individu avec qui je n'ai aucun problème de communication.

À l'instar des couples féminins, la question sexuelle est loin d'être la priorité dans la vie et l'équilibre du couple gay. L'entente, la complicité, le partage restent les conditions de vie à privilégier en premier lieu, bien avant le concept de fidélité physique.

Pierre, surdoué, vit depuis quatorze ans avec un homme avec qui il s'est pacsé. Leur vie sexuelle s'est arrêtée très tôt mais ils ne se sont pas séparés. Lui se sent très libre de vivre des aventures parallèles dont il préfère pourtant ne pas lui parler, et rester dans un silence tacite. Pour autant, leur attachement n'a jamais faibli, ni d'un côté ni de l'autre.

J'ai toujours été étonné que les gens pensent immédiatement « sexe » lorsqu'on prononce le mot de fidélité. À mes yeux, la fidélité, c'est plutôt un rapport avec soi-même : ne pas trahir les objectifs qu'on s'était fixés. Je l'entends comme de l'intégrité. La fidélité à l'autre, c'est ne jamais entamer le respect dans lequel on tient son compagnon, ni trahir le projet de vie auquel on s'était engagé.

Mais là encore, il serait périlleux et malhonnête de faire des généralités. Chaque individu est unique. Surdoués ou non, il y a des hommes forts, autoritaires, dominateurs, et des hommes fragiles, doux, soumis, en proie à des problèmes de conscience terrible s'ils ont une aventure. Les surdons décuplent en général leurs tendances à l'extraversion, ou à l'introversion. Il s'ajoute à l'infinie variation des gammes de caractères l'expérience que chacun a pu faire de la découverte de sa propre homosexualité. L'a-t-il vécue comme une différence de plus, de trop ? En a-t-il été effrayé ? A-t-il refoulé ses sentiments et construit un faux self plus épais qu'une cuirasse de plomb ? Pierre avoue qu'il doit son *outing* à sa sœur, qui l'a aidé à annoncer la nouvelle à ses parents. Elle a joué un rôle de médiateur bénéfique, car la peur de décevoir ses parents, la terreur d'être rejeté par la famille, a verrouillé sa parole. Il a pris petit à petit conscience que ses difficultés de communication remontaient à ses premiers émois amoureux, dans l'enfance. La peur de se trahir lui a fait préférer le silence aux mots. Aujourd'hui encore, hyperémotif, il vit les mêmes blocages avec l'homme qui partage sa vie.

6

Trouver un équilibre dans le couple

Les surdoués demanderaient-ils l'impossible ?

La difficulté pour les surdoués est de trouver quelqu'un qui soit à la fois séduisant et intellectuellement stimulant. S'ennuyer avec un partenaire, surtout dans une relation où l'admiration entre en jeu dans l'attirance éprouvée pour l'autre, est un risque très fréquent dans leur couple, et un danger souvent mortel. Mais il ne faut pas conclure pour autant qu'un homme intelligent ne puisse pas trouver le bonheur en couple avec un partenaire dont le QI serait inférieur au sien. De même, une femme surdouée peut tout à fait vivre heureuse avec un homme qui n'a pas fait d'études supérieures (qui n'ont pas toujours à voir avec le QI). Nombreuses sont les patientes qui m'ont avoué avoir trouvé le bonheur dans un second mariage ou une seconde relation, lorsqu'elles avaient privilégié dans leur relation amoureuse la confiance, l'échange et le dialogue et avaient appris enfin à faire des compromis et des concessions – exercice éminemment difficile pour les surdouées.

Par ailleurs, dans leur grande majorité, lorsqu'elles dressent le portrait du mari idéal, les femmes à haut potentiel ne désignent pas celui d'un homme « riche » et puissant. C'est qu'elles s'attachent beaucoup moins à l'avoir qu'à l'être, et chez un homme moins à sa carte de visite qu'à ses aspirations, sa culture, son éthique. Croire qu'elles privilégieraient comme critères les preuves matérielles de la réussite de cet homme, c'est oublier la soif de justice et d'authenticité qui est partie de la personnalité du surdoué – homme ou femme – et qui les prédispose à souffrir du spectacle des inégalités, des impunités et de l'indifférence générale. La conscience de l'adulte à haut potentiel est généralement encline à l'idéalisme. Aussi, plus qu'un compte en banque, les femmes surdouées attendent en priorité de leur relation de couple une complicité profonde, un partage et une conversation enrichissante, voire l'excitation d'une aventure professionnelle en commun. Avec l'altérité, l'alter ego. Et très souvent aussi, une relation forte, de l'intensité, de la confiance – un être qui les transporte et permette à l'ébullition de leurs pensées de trouver un exutoire valorisant.

Pour autant, rares sont celles qui acceptent longtemps de très grandes différences intellectuelles avec leur partenaire. La cohabitation peut alors s'avérer difficile, et l'intolérance devenir très vite réciproque. Charles Baudelaire, dans cette boutade que j'ai souvent citée dans mes ouvrages précédents – « Une femme intelligente est un plaisir d'homosexuel » –, a fait la synthèse des problèmes auxquels se heurtent les femmes surdouées en couple avec des hommes d'efficience intellectuelle inférieure. Peu d'hommes sont flattés que leur femme les surpasse intellectuellement – à ce titre George Clooney est un cas qui mérite d'être signalé. J'ai longuement exposé, dans mon ouvrage précédent[1], ce problème pour les femmes dotées d'une surefficience intellectuelle, notamment lorsque leur surdon touche à des domaines qu'on réserve traditionnellement aux cerveaux masculins : les sciences, la direction d'entreprise... C'est que la libido de leurs compagnons s'en trouve souvent affectée, comme le suggère la boutade de Baudelaire, qu'on peut sous-titrer : On désire sexuellement une femme pour la dominer et parce qu'on peut la dominer. Élevé dans le principe d'une nécessaire et naturelle domination masculine dans le couple, le partenaire de la surdouée se trouve en position d'infériorité de fait, une situation qu'il cherchera parfois à rééquilibrer en surjouant sa force, une autorité illégitime, voire une tyrannie, ou sur un autre mode, en abusant de l'arme de la raillerie et de la dépréciation – qu'il commente le physique de sa femme, la façon dont elle éduque les enfants, l'art avec lequel elle tient sa maison, ou ses échecs professionnels si elle en connaît. À ce titre, le témoignage de Sabine, 50 ans, mariée à un homme intelligent, est édifiant :

> Mon mari, quand il a su que je venais vous voir, s'est renseigné sur votre « spécialité ». Il a aussitôt tenté de me dissuader de passer un test de QI, suggérant que je pourrais être déçue par les résultats ! Je n'ai pas encore osé lui dire que c'était déjà fait. Et je ne lui ai pas divulgué les résultats. Il est incapable de supporter l'idée que je le dépasse dans un quelconque domaine.

Lorsque mes patients hommes ou femmes évoquent le problème qui les oppose à leur partenaire, je mesure l'incidence forte de cet aspect sexuel sur le psychologique. La thérapie de couple invite, dans un sous-texte, les questions de la libido commune, qui s'est élaborée l'une à partir de l'autre, ou l'une contre l'autre. Or, celle des hommes est fragile. Elle est sujette à des « pannes », à des stimuli intimes, à des blocages subtils, et elle est souvent tributaire de l'admiration et du respect que leur partenaire leur manifeste. Or, peu adeptes du mensonge, plus connues pour la brutalité de leurs avis et de leurs constats que pour leur art de feindre et de mentir, les surdouées ne perçoivent pas toujours la blessure qu'elles peuvent infliger à l'homme qu'elles aiment pourtant, en faisant entendre leurs conclusions les premières, en allant droit à l'essentiel, en résolvant en un éclair des problèmes sur lesquels les enfants et leur père se cassent les dents depuis un moment. Elles provoquent alors ce qu'elles suscitent dans l'entreprise, quand leur esprit de synthèse et la fulgurance de leurs raisonnements humilient, sans qu'elles ne le veuillent, ni ne le fassent sciemment, leurs collègues de bureau – hommes ou femmes. Et elles souffrent souvent autant d'avoir provoqué cette blessure que leur mari, ou que leurs collègues de l'avoir reçue.

Je répète souvent aux surdouées qui viennent me consulter pour résoudre leurs problèmes de couple, cette boutade de l'une d'elles :

> Si j'avais un avertissement à donner aux femmes surdouées, ce serait celui-là : « Vous allez avoir de gros problèmes si vous ne choisissez pas pour mari un homme se faisant suffisamment confiance pour vous laisser faire ce dont vous avez envie ! » *Christine, 55 ans.*

L'imaginaire collectif accepte plus facilement l'image du génie en couple avec une idiote, pour peu que celle-ci soit dotée d'une anatomie de rêve. Le cliché est largement répandu. On connaît la célèbre anecdote de la ravissante danseuse Isadora Duncan lançant à George Bernard Shaw qu'elle admirait : « Quel miracle ce serait d'avoir un enfant ensemble : imaginez qu'il ait ma beauté et votre intelligence ! » « Imaginez le désastre si c'était le contraire » rétorqua l'humoriste. Certes, certains hommes, et parmi eux beaucoup de surdoués, sont tout à fait capables de dissocier leurs activités intellectuelles et leur vie de famille, et partant, n'attendent pas de leurs épouses qu'elles les battent aux échecs ou discutent avec eux de la résolution du théorème de Fermat. Certains même peuvent éprouver un grand confort à ne partager avec leur moitié que les joies de la vie de famille, et les plaisirs conjugaux. Leur épouse vouant leur vie à faciliter leur travail et à les protéger des agressions extérieures. On pensera ainsi à Sophie Tolstoï, ou à Anna Grigoryevna Snitkina, l'épouse de Dostoïevski. Elles furent nombreuses les femmes ombres des hommes célèbres. Quant à eux, personne ne leur reprochera jamais d'avoir une « bonne » épouse, doublée d'une excellente « mère » de leurs enfants. Là encore, il y va du choix de chacun, des attentes et des sensibilités personnelles. Aimer n'est pas toujours synonyme d'admirer, mais presque toujours de respecter. Par ailleurs, on peut aussi tout à fait applaudir chez une femme des valeurs qui sont étrangères à la sphère purement intellectuelle, tels le dévouement, l'abnégation, le sens de la famille, ou l'art d'être une mère.

Dans ce domaine encore, la mentalité a largement évolué. Aujourd'hui, où la possibilité de mettre un terme à un mariage qui ne satisfait plus est tout à fait admise, où le ou la divorcé(e) ne subit plus aucun opprobre, l'image de l'amour idéal s'est dissociée de celle de la famille accomplie. Les hommes comme les femmes ont une attente plus exigeante, plus personnelle, plus centrée sur eux-mêmes de leur partenaire. C'est dans un rapport avec leur caractère, leur personnalité, leurs hobbies qu'ils projettent son portrait rêvé, et non plus en relation avec le foyer qu'ils voudraient fonder dans son acception idéale et selon le modèle universel diffusé dans la société occidentale.

Dès lors, les hommes en général, et les surdoués en particulier, ont recentré leur conception du couple idéal sur la complicité possible avec leur partenaire, plus que sur des conventions sociales ou la construction d'un modèle de foyer dont ils sont, par nature, extrêmement affranchis. J'ai plusieurs fois exposé le mépris du qu'en-dira-t-on qui les anime. Ils sont, sans conteste, les plus demandeurs d'excellence intellectuelle quand ils expriment leurs désirs d'une rencontre, et les plus inquiets d'échouer dans ce projet.

J'ai rompu mes fiançailles un mois avant mon mariage. Des semaines durant, j'ai souffert d'insomnies. J'ai traversé des moments d'angoisse. Tout était programmé. Les invitations pour le mariage étaient lancées. Ce qui me faisait le plus souffrir, c'était l'idée de la souffrance que j'allais imposer à cette fille à qui j'avais dit que je l'aimais, et à qui j'avais promis le mariage. C'était une chic fille, adorable, aimante. Je n'avais rien de particulier à lui reprocher. Je lui ai fait immensément mal et je m'en sentirai coupable toute ma vie. Mais elle était incapable de prendre le temps de lire, ou de réfléchir posément à n'importe quelle question – quelque chose qu'on entendait à la radio. Quand je lui parlais avec enthousiasme de mes dernières lectures, je la perdais. D'un seul coup, je n'ai plus pu imaginer ma vie avec quelqu'un qui ne comprenait pas l'importance des livres, de la culture, et qui n'aurait jamais compris non plus mon besoin de me ressourcer seul dans mes bouquins. *Victor, 30 ans.*

S'ils n'attendent pas un milliardaire ou une riche héritière, en matière amoureuse, les surdoués exposent leurs espoirs d'un véritable associé doublé d'un complice pour se lancer dans la grande aventure de la vie. C'est que la solitude leur pèse plus qu'à tout autre individu, tout simplement parce qu'ils en souffrent et en ont souffert dans tous les domaines – familial, amical, professionnel et amoureux. Que ce soit pour les hommes ou les femmes surdoués, être compatibles intellectuellement et être amis sont des éléments clés de leurs unions.

« Ma meilleure amie est ma femme. Nous sommes mariés depuis vingt ans et nous sommes comme des jumeaux », m'explique Sylvain, venu me consulter pour les problèmes relationnels graves qu'il rencontre dans son univers professionnel, où il a subi plusieurs licenciements pour « incompatibilité d'humeur ». « Sans elle à côté de moi, je ne me relèverais pas de ces coups, et de ces injustices. »

Ou encore, l'aveu de Gayle, 70 ans :

> Une des choses les plus précieuses dans notre mariage est que mon mari et moi continuons à avoir de merveilleuses discussions. C'est la seule personne avec qui je peux être moi-même.

Ce qui n'est pas sans rappeler la définition que le philosophe Martin Heidegger avait donnée d'un mariage réussi : « Une longue conversation ».

Lorsque j'ai demandé à Bertrand, surdoué, à quoi il attribuait la réussite de son couple, il a immédiatement évoqué le QI de sa femme :

> Être compatible intellectuellement est plus important que l'attirance physique. Ma femme est différente, sa façon de penser et d'arriver à ses conclusions me fascine. Elle sait plein de choses que je ne sais pas.

Parfois, les surdoués divorcent pour des raisons incompréhensibles aux yeux des autres : « Elle ne pouvait pas comprendre mon besoin vital d'avoir du temps pour moi seul. »

Ou encore Jérôme, 40 ans, qui n'a toujours pas résolu son dilemme – divorcer, ou ne pas divorcer :

> Mes deux mariages ont été des faillites. Je suis voué à l'échec parce que je m'ennuie très vite. Pas sexuellement – intellectuellement, spirituellement, je ne sais pas. L'ennui, la sensation de vide quand mes deux ex-épouses me faisaient face. C'est vrai, notamment avec la seconde, j'ai fini pas faire chambre à part. Ses lectures du soir… son train-train. Le pire : son plaisir à regarder des émissions affligeantes. Je lui ai dit plusieurs fois que je me sentais insulté par cette production. Elle l'a mal pris. Ma première femme ? Je ne sais pas qui a quitté qui. Une situation irrécupérable s'est mise en place, et j'ai laissé faire. Même cela, ça ne m'intéressait plus. Et pourtant, j'ai deux enfants avec elle. Ils l'ont entièrement absorbée. Je croyais avoir épousé une femme dynamique, pleine de projets. Elle avait fait de belles études, mais elle n'a pas travaillé au prétexte de ses grossesses, de nos enfants. J'ai monté ma société. Elle a d'excellents résultats. Je me suis diversifié. J'ai eu là encore une belle réussite. Mais mes épouses n'ont pas suivi. Toutes les deux sont restées au point mort. J'ai vraiment le sentiment d'une grande solitude affective. J'en suis parfois

accablé, et pourtant, je suis un battant, rompu à une discipline de fer.

A contrario, des couples de surdoués restent mariés alors que pour le commun des mortels, rien ne justifie qu'ils restent ensemble.

> Nous divergeons sur tout ce qui concerne la conduite matérielle de la maison, et j'ai conscience d'être une maîtresse de maison catastrophique, mais mon mari dit que je suis la seule avec qui il s'amuse, et qui sache le laisser en paix, quant à lui, il est la seule personne qui comprend mon besoin d'être stimulée intellectuellement.

Mais quoi qu'il en soit, quand ils en viennent à divorcer, car le fait d'être deux surdoués n'assure pas à coup sûr la solidité ni la pérennité d'un couple, les surdoués le font rarement à cause de la sexualité. Bien qu'importante, elle apparaît peu comme sujet de rupture.

J'ai reçu dans mon cabinet Julie, 38 ans, surdouée, et qui présentait presque à l'excès les caractéristiques de la douance. Parmi elles, un abord franc et dépourvu d'hypocrisie de toutes les questions conjugales, allié à une imagination débordante, et des désirs sexuels qu'elle associait volontiers à ses périodes d'intense activité professionnelle.

> Dès que j'ai pris conscience que mes besoins débordaient la capacité de mon mari de les satisfaire, j'ai cherché et trouvé des exutoires à l'extérieur de mon couple. Je suis mariée depuis vingt-deux ans et j'ai ces relations extraconjugales depuis vingt ans. Je fais très attention à ce qu'il ne le sache pas – je crois que malgré sa grande ouverture d'esprit, il souffrirait de savoir que je jouis dans d'autres

bras. J'adore mon mari – c'est un être rare, d'une intelligence exceptionnelle, d'une hypersensibilité qui me bouleverse et que je ne cesse pas d'admirer. Nous nous sommes rencontrés lors d'un congrès de médecine et nous échangeons nos analyses, nos recherches, nos points de vue sur tout. En médecine comme ailleurs.

Divorcer ou ne pas divorcer

Lorsqu'ils sont mariés à des surdoués, les adultes à surefficience intellectuelle divorcent beaucoup moins que les autres couples. Mais lorsqu'ils sont mariés à un individu lambda, la situation matrimoniale peut devenir très rapidement tendue, conflictuelle si les choses n'ont pas été mises au point dès le début. Paradoxalement, ce malaise ne provoque pas systématiquement la décision de divorcer, et de nombreux surdoués mal assortis tolèrent de rester dans ces atmosphères délétères, sans trouver le courage d'y mettre un terme.

Sans vouloir faire de généralités, j'ai remarqué, par expérience, que les femmes surdouées acceptaient davantage que les hommes surdoués de continuer une vie à deux qui ne les satisfaisait pas. Elles se savent tellement différentes, tellement décalées par rapport aux autres, qu'elles se sont persuadées qu'aucun homme ne pourrait les accepter comme elles sont. Certaines s'estiment même chanceuses d'avoir pu « trouver » un mari, étant donné leur « inaptitude » à une vie de famille normale. La situation se complique lorsqu'elles ignorent tout de leur douance, et qu'elles interprètent leur « trop » chronique comme une maladie nerveuse dont elles passent leur temps à s'excuser.

Depuis dix ans, j'entends mon mari partir en claquant la porte quand je tente de lui faire part de mes pensées, et qu'elles partent dans tous les sens. Ça, j'y ai renoncé. Depuis le début de mon mariage, il vient tambouriner à la porte de la chambre quand j'ai besoin de calmer mes idées. Et quand j'explose en pleurs en écoutant certains morceaux de musique classique, il me dit que je suis hystérique et que j'ai besoin de me faire soigner. J'ai longtemps cru qu'il avait raison. Les couples autour de moi semblent le plaindre. Et un jour, je suis tombée sur votre livre. J'ai été bouleversée. Tout ce que vous décriviez, c'était moi ! Je l'ai montré à mon mari, mais il a refusé net l'hypothèse de la douance. *Sandrine, 39 ans, 2 enfants.*

Là encore, tout est question de génération. Sauf si elles ont développé un faux self depuis la tendre enfance, et qu'elles se sont littéralement perdues de vue, les jeunes femmes surdouées assument beaucoup mieux que leurs mères ou que leurs grands-mères leur surefficience intellectuelle. Elles ont pris l'habitude de défendre leurs idées haut et fort. Elles aiment être dans la compétition – même si leurs manières de raisonner et d'agir se démarquent toujours largement de la moyenne. Il n'empêche : beaucoup d'entre elles ont gardé l'empreinte de leur éducation et perpétuent dans leur vie de femme ce qu'elles ont appris à être enfant. Je l'ai longuement exposé dans mon ouvrage sur les femmes surdouées : hypersensible, comme tout surdoué, cette petite fille a le souci permanent de répondre aux attentes de ses parents – au contraire du petit garçon surdoué, beaucoup plus hermétique à la demande parentale. Dès lors, elle sera réceptive à la moindre fluctuation d'humeur de son entourage. Elle sera attentive aux relations qui se nouent, se tendent, se fragilisent entre les membres de sa famille. Quand elle aura tendance à chercher l'autonomie et à se faire discrète, la petite surdouée le fera pour ne pas être un poids supplémentaire pour ses parents. C'est un trait qui se retrouve plus tard, à l'âge adulte. Le besoin d'aider, de soulager les autres, elle le reportera dans son couple. Moins elle se sentira acceptée, plus son mari lui fera comprendre qu'elle est un poids plus qu'un soulagement, plus la surdouée fera le dos rond et tentera de se faire la plus légère et discrète possible… au lieu de chercher à rééquilibrer les rapports entre les deux, ou d'envisager le divorce… quand elle ne finit pas par se conformer totalement aux attentes de son époux. Dès lors, gare au faux self et à ses conséquences dramatiques pour la psyché, et pour l'entourage.

Beaucoup de jeunes femmes surdouées qui se trouvent en situation d'échec dans leur couple m'avouent, quand je leur demande de réfléchir aux raisons qui leur ont fait épouser leur mari, qu'elles se sont laissé choisir, et ont accepté cette union « à défaut de rencontrer l'homme qui leur conviendrait ». La solitude amoureuse et la peur de finir « vieille fille », à savoir et surtout, pour les surdouées, sans enfants, sont des aiguillons puissants dans ce qui les pousse à contracter un mariage dont elles savent, dès le départ, qu'il ne répond pas à leurs attentes profondes et intimes. Il est dur de se projeter dans l'avenir, sous l'image d'une vieille fille. Et souvent, avant de dire oui, elles ont essuyé de nombreuses déceptions, et expérimenté la difficulté qu'il y avait pour elles à trouver l'âme sœur. Enfin, c'est un fait : les études sociologiques ont montré qu'il y avait plus de femmes célibataires chez les diplômées du troisième cycle que chez les autres. Ajoutons enfin un dernier élément psychologique, que j'ai évoqué un peu plus haut : l'esprit délié des surdouées, leurs centres d'intérêt et leurs besoins vitaux d'activité intellectuelle leur font souvent bouder les lieux de rencontre traditionnels de leurs contemporains – les bars, les clubs, les sorties de groupe. Parfois déprimées et se sentant souvent incomprises, elles partent du principe qu'elles ont peu en commun avec les autres et passent beaucoup de temps seules. Au manque de pratique des relations sociales s'ajoute un sentiment de maladresse et d'insécurité. Quand elles rencontrent enfin quelqu'un, elles peuvent commettre l'erreur de confondre l'occasion et la personne qui leur y fait penser. Ainsi Hélène (38 ans) :

> Je me suis mariée à vingt-cinq ans pour me rassurer, pour me protéger et, je le crois aussi, pour faire une fin : me débarrasser une fois pour toutes de la question maritale et de celle des enfants. Et puis je me sentais tellement différente des autres jeunes femmes de mon âge, et ça me faisait peur. Je ne comprenais pas qu'on puisse attacher autant d'importance à la fête, aux garçons, à l'esthétique. Je ne comprenais rien aux plaisanteries de mes cousines, au monde qu'elles affectionnaient. Je les trouvais futiles. Cette différence ne m'est pas apparue tout de suite. J'ai toujours été une forte en thème. J'ai fait un double cursus. Médecine et philo. J'ai étudié le grec et le latin. Je n'en avais jamais assez et mes parents étaient ravis. Je crois que ça les rassurait : j'étais à l'abri des tentations et des mauvaises rencontres. Je passais l'adolescence sans heurts, sans révolte, sans comportement qui aurait pu les déranger. Une fois diplômée, j'ai relevé la tête et j'ai observé le monde. Ça a été comme si je sortais dans le monde pour la première fois. C'est là que j'ai compris que je ne raisonnais pas comme les autres. J'ai éprouvé un sentiment de vide. Presque une panique. J'étais jusque-là protégée par le cocon familial. Mais maintenant ?

L'avenir me terrorisait. Comment allais-je faire hors des examens, des recherches pour ma thèse, des bibliothèques ? Lorsque j'ai rencontré mon mari, j'ai été étonnée qu'il me porte de l'intérêt pour autre chose que pour mes connaissances. Honnêtement, je ne sais pas si j'ai été amoureuse de lui – à l'époque déjà, je ne m'étais pas posé la question. Mais j'ai éprouvé un grand soulagement. Je quittais la maison familiale pour une autre maison, pour une sécurité.

Mais alors, pourquoi ne divorcent-elles pas ?

Les surdouées ont une particularité très marquée par rapport aux autres femmes. Lorsqu'elles viennent me consulter, et qu'elles avouent n'être pas heureuses en ménage, les surdouées ne désirent pas, au premier chef, sauver leur relation conjugale. Comme s'il était acquis que la chose était impossible, ou bien qu'elle soit sortie de leur champ d'intérêt. Ce qui leur importe, c'est trouver leur indépendance dans le couple, aménager un espace personnel et inviolable dans lequel elles pourront se déployer, trouver leur place comme mère et apprendre à se connaître et à explorer les intuitions qui les traversent. Et enfin, trouver le moyen de faire entendre qui elles sont vraiment à leur mari.

Enfin, elles ont appris depuis leur plus jeune âge « à se faire une raison ».

Mon mari ne m'apporte pas beaucoup de soutien. Mais au moins, il n'interfère pas dans ce que je fais. Et c'est suffisant pour moi. C'est tout ce que je lui demande ! *Myriam, 66 ans.*

Depuis que je suis petite, j'ai appris à faire une croix sur l'idéal. Mes relations avec mon frère, qui n'est pas surdoué, ont été difficiles. Je n'ai pas trouvé l'amie idéale que j'attendais dans la vie. Je me suis engouffrée dans mes études de philosophie et de théologie. J'ai rencontré mon mari à la fac. J'ai su d'emblée qu'il y aurait d'énormes manques. Il me reproche souvent d'en avoir beaucoup à son égard. Mais nous avons trouvé un modus vivendi. Je ne sais pas si j'aime mon couple. Mais je ne le déteste pas non plus. Disons que c'est fonctionnel. Il est solide. Il sera sans doute meilleur père que je ne serai une bonne mère. *Clémentine, 32 ans.*

Par ailleurs, beaucoup de surdouées divorcent… quand elles rencontrent enfin un partenaire qui leur apporte ce dont elles ont besoin pour vivre une relation amoureuse qui les épanouisse. De cet instant, les conventions sociales ne sont plus un frein, mais souvent un sujet de réflexion, une expérience dont elles estiment devoir enrichir leur connaissance d'elles-mêmes. À ce propos, le cas de John Stuart Mill et de Harriet Taylor (1807-1858) est célèbre et éclairant à plus d'un titre. Surdouée, Harriet se marie à 18 ans avec un homme de onze ans son aîné, essentiellement pour échapper à l'emprise d'un père tyrannique. Un directeur de journal présente au couple, et aux trois enfants nés de cette union, John Stuart Mill, brillantissime philosophe, logicien et économiste. Très vite, ce dernier entre en adoration devant Harriet, ébloui par ses conversations, ses idées, ses analyses de la situation sociale et surtout des questions touchant au droit des femmes qu'Harriet juge essentielles et fondamentales dans la perspective d'une société meilleure. Dans cette fusion d'idées et de partage, d'échanges et de débats, les deux deviennent amants jusqu'à ce que le mari d'Harriet, qui avait fermé les yeux sur le tour qu'avaient pris leurs relations, demande qu'il y soit mis un terme. Les deux époux se séparent et Harriet épousera John en 1851, non sans être revenue auparavant chez son mari, atteint d'un cancer, pour l'accompagner dans les derniers mois de sa vie. Pendant leur vie commune, la collaboration des deux surdoués s'intensifie. Harriet, dans une série de lettres et de textes qu'elle adresse à son second mari, qu'elle nomme aussi « mon grand amour », charpente ses vues sur l'urgence et la nécessité d'établir une égalité homme-femme, déjà dans l'éducation que les enfants reçoivent, enfin dans le mariage et les textes de loi. C'est une féministe convaincue, brillante analyste – elle corrige et enrichit les publications économiques de son mari[2] – et Stuart Mill reconnaîtra pleinement sa dette intellectuelle dans son autobiographie. C'est Harriet qui poussera Stuart Mill – en pleine époque victorienne – à poser cette question, qui reste au cœur des couples de surdouées : Pourquoi les femmes devraient-elles s'accomplir seulement à travers le mariage ? Pourquoi devraient-elles rester cantonnées à la sphère domestique, à subir souvent l'autorité d'un époux despotique et parfois violent ?

Le second, voire un troisième mariage, offre aux femmes surdouées la possibilité de connaître enfin une relation qui convienne à leur surdon. Elles peuvent dès lors aimer non seulement l'homme à qui elles ont dit oui, mais encore le couple qu'elles forment avec lui. Entre le premier mariage et le suivant, elles ont appris à se connaître, à hiérarchiser leurs désirs, à trouver un équilibre. Il n'est pas toujours l'idéal rencontré par Harriet Stuart Mill mais au moins, il leur assure une harmonie de vie dont elles ont vitalement besoin.

Tout ce que je demande à mon compagnon, c'est la paix, du silence, qu'il me protège contre le monde extérieur. Il n'arrive pas à le comprendre. Il y voit une défiance à son égard. Il me harcèle au moment où j'ai le plus besoin de me replier sur moi-même. Physiquement, on s'entend très bien. Mais je vais le quitter. Je le sais. S'il ne se résout pas à m'accepter comme je suis, s'il me poursuit avec ses réflexions sarcastiques, il va me détruire. Je ne comprends pas pourquoi je retombe toujours dans son panneau. Quand je m'éloigne, il accourt. Il est câlin. Prévenant. Il m'attire à lui et j'essaie de faire un effort, d'être douce, et puis dès que j'insiste pour être seule, il se raidit. J'essaie de lui expliquer, et alors tout part en vrille. Nous sommes ensemble depuis trois ans, mais je n'en peux plus. Et je ne comprends pas pourquoi j'ai cette difficulté à rompre. *Laura, 29 ans.*

Je me suis mariée beaucoup trop tôt, à 22 ans. Je n'aurais pas dû le faire. Nous nous sommes séparés après dix-huit ans de vie commune et deux enfants. Je suis restée avec mon mari tout ce temps pour eux. Pendant ces années, je n'ai pas cessé de lire tout ce qui me tombait sous la main pour mieux comprendre mon couple et pour mieux me comprendre. Je m'étais rendu compte que dès qu'il s'agissait de raisonner, de faire la synthèse d'informations, j'allais plus vite que lui. Une amie, sans que je lui en parle, m'a offert votre livre et c'est ainsi que j'ai pu faire ce test. Il l'a très mal pris et il n'a plus cessé de me rabrouer, d'autant plus que je ne travaillais pas. Je m'occupais à plein temps de la marche de la maison et c'est lui qui rapportait l'argent – et de façon substantielle – à la maison. J'ai rencontré mon second mari dans une classe de yoga. On s'est plu. On se retrouvait autour de livres sur le bouddhisme. J'ai mis les choses au point. Je lui ai fait part du test, de ma douance et des problèmes insolubles qui s'étaient installés dans mon couple à cause de ce décalage. Il l'a compris. Il m'a remerciée de mon honnêteté, et de l'avoir mis en garde. Pour la répartition des activités dans notre future vie commune, il a eu ce mot : « Chacun son truc. » Il est intelligent, organisé, il réussit dans ce qu'il fait et surtout, il me laisse toute latitude pour réfléchir, pour rester seule. Il est attentif et prend soin de moi. Nous nous sommes mariés il y a six ans. Et nous continuons à partager nos vues et nos recherches sur la philosophie orientale. *Sabine, 56 ans.*

7

La rencontre

« Je te cherche par-delà l'attente,
par-delà moi-même,
et je ne sais pas, tant je t'aime,
lequel de nous deux est absent. »

Paul Éluard, *Capitale de la douleur.*

Le coup de foudre

Comme pour n'importe quel autre couple, la rencontre est un moment déterminant de la relation amoureuse puisque c'est par elle qu'une relation peut voir le jour. C'est une lapalissade, mais elle vaut d'être rappelée car si elle est évidente pour les individus lambda, pour les adultes HP c'est peut-être le moment le plus difficile et le plus douloureux à vivre.

Par ailleurs, les occasions sont rares pour eux de rencontrer quelqu'un avec qui la communication s'instaure avec fluidité, intelligence et complicité. Quelqu'un avec qui on partage les mêmes intérêts, qui est doté de la même conscience des choses et dont les expériences se rapprochent des siennes. Ces rencontres sont miraculeuses et elles peuvent ne pas avoir lieu dans le cours entier d'une vie. L'explication est simple : il existe quelque 1,5 million d'individus en surefficience intellectuelle en France, tous âges confondus, sur quelque 66 millions de Français. Et bien que je ne prétende pas – pas plus que les patients qui viennent consulter dans mon cabinet – que la douance chez les deux membres du couple est la clé de la réussite et du bonheur, l'intelligence bien partagée en est une garantie.

Lorsque cette rencontre a lieu, alors elle crée chez ceux qui la vivent un sentiment d'évidence.

> C'est comme si quelqu'un retrouvait un être cher, perdu depuis longtemps au milieu d'une foule anonyme. *Serge, 52 ans.*

Bien sûr, les coups de foudre existent aussi entre surdoués, et peut-être d'une façon plus forte, plus éclairante, plus électrisante qu'un coup de foudre dans la population générale. J'ai reçu des témoignages extraordinaires de ces moments, dont ils se souviennent avec acuité. Les souvenirs de ces couples convergent d'ailleurs souvent. Étienne (30 ans) décrit son ressenti avec ces mots :

> Rencontrer une autre personne HP, croiser son regard ? À l'intérieur de vous, quelque chose fait « BING ».

> On parle avec quelqu'un qu'on ne connaissait pas la veille et cette inconnue sait à la seconde où vous voulez aller. Quand elle vous répond, elle a déjà franchi une étape de plus dans le raisonnement que vous meniez. La conversation se poursuit alors à toute vitesse… Ou bien elle vous pose une question qui est si pertinente, si juste, si intelli-

gente que vous y répondez dans un état de joie indicible. Ça, c'est un authentique coup de foudre. *Éric, 40 ans.*

Lorsque vous rencontrez quelqu'un qui peut fonctionner à votre niveau, c'est comme trouver une oasis dans un désert ! *Jean-Charles, 58 ans.*

Pour mieux comprendre ce que signifient en profondeur ces déclarations, il faut se rappeler combien, pour les surdoués, penser et apprendre est ce qui donne le sentiment d'être en vie, et de s'y maintenir. Tout se passe comme si les surdoués possédaient une immense capacité de gammes émotionnelles en eux, et que la rencontre avec l'autre révèle et joue toutes ces chromatiques.

J'ai eu de brèves histoires avant de rencontrer Ronan. Mais tout a été balayé d'un seul coup avec lui parce que j'ai pu entrer en relation avec son esprit, avec sa pensée qui éclairait d'un seul coup la mienne. Comme le soleil quand, brusquement, le nuage s'écarte. C'est une expérience émotionnellement irrésistible. *Christine, 35 ans.*

On s'est plu avec tant d'intensité que nous nous sommes mariés quatre mois après notre rencontre, et nous sommes toujours ensemble, et aussi heureux de l'être, dix ans plus tard. *Bertrand, 45 ans.*

J'ai demandé à Marie-Claude de m'expliquer ses sentiments lorsqu'elle a rencontré son mari, un surdoué comme elle ; elle m'a alors répondu très simplement : « Cela ne s'explique pas. Vous savez, vous sentez une connexion, un lien particulier avec l'autre. Il n'y a pas de manière rationnelle pour l'expliquer aux autres, qui ne l'ont jamais vécu. »

Ainsi, le lien se joue au-dessus et au-delà de la complexité intellectuelle et ne peut pas s'expliquer par un simple ressenti.

Hommes ou femmes surdoués soulignent tous l'importance du regard lorsqu'ils abordent pour la première fois un ou une inconnue HP comme eux. « Ses yeux pétillent. On ne peut plus cesser de se regarder, entre plaisir et stupéfaction. Ils pétillent, et ils sourient aussi. » *Laetitia, 36 ans.*

Les conditions de la rencontre

Quant au lieu des rencontres et à leurs circonstances extérieures, ils échappent souvent aux schémas traditionnels des soirées ou des réunions d'amis. Fabien souligne combien il s'est senti amoureux en pensée de sa future femme quand il l'a rencontrée pour la première fois sur un forum informatique, où ils ont pu échanger leurs savoirs, puis leurs impressions, et pousser la complicité jusqu'à créer des algorithmes ensemble sur des thèmes lancés comme des défis. Paradoxalement, il ne leur est pas venu à l'idée, à l'un comme à l'autre, de précipiter une date de rendez-vous.

> Il s'est bien passé trois semaines avant que je lui propose de prendre un verre. Dès les premières minutes, on a repris nos échanges là où nous les avions laissés sur l'ordinateur. C'était comme si on s'était toujours connus. On a parlé, parlé, puis dîné ensemble ; on s'est suivis et on ne s'est plus jamais quittés. *Steve, 27 ans.*

Les entrées en matière étonnent souvent le commun des mortels et beaucoup de surdoués, rompus aux déceptions, ont mis un mode opératoire au point pour s'épargner une perte de temps – de celles qui épuisent beaucoup d'entre eux – telle Anaïs (52 ans) :

> J'ai perdu tant d'heures à m'ennuyer en face de garçons à qui je n'avais rien à dire, et dont la conversation me désespérait. Mais j'avais peur de finir seule, alors je jugeais cette phase inévitable et je me l'infligeais. Pour finir, je n'ai eu que des histoires décevantes – et elles l'étaient sûrement pour mes partenaires. J'ai préféré rester seule.

Dans les soirées, pour être certain d'entamer une conversation avec une femme intéressante, Paul s'interdit les lieux communs. Il attaque de but en blanc par un sujet pointu, en général dans l'actualité. Ainsi : « Que pensez-vous de la PMA ? » ou bien « Préférez-vous la philosophie de Platon, ou celle d'Aristote ? » Seules les femmes intelligentes répondent au quart de tour, souvent avec humour, et entrent dans le jeu. Les autres tournent les talons.

D'autres adultes HP adoptent un système de sélection dont ils ne se sentent pas nécessairement fiers, mais qu'ils jugent efficace. Après des années de célibat, Fleur (28 ans) a décidé de tenter les sites de rencontre et parmi ceux-ci, les filières proposant des *speed-dates* à l'américaine.

> Il n'y a rien du coup de foudre idéal, et rien de romantique dans ce système. Mais il a l'avantage de dévoiler rapidement les pensées et les capacités de mes « impétrants ». Je suis lasse de perdre mon temps, comme de faire semblant en faisant durer des rencontres vouées à l'échec parce que je redoute de blesser le nouveau candidat. Et même si l'homme est séduisant, et que je pourrais envisager une

relation fondée sur le sexe, je me l'interdis aussitôt : je ne peux pas me permettre de laisser s'entamer une relation qui n'a pas la moindre chance de survie. Je sais aujourd'hui, avec fermeté, que j'ai besoin pour être bien dans ma peau et dans ma vie d'un esprit à ma pointure, sans quoi je ne pourrai jamais être heureuse.

Sans avoir le moindre préjugé, dans un sens comme dans l'autre, à l'égard des sites et des applications de rencontre, je tiens à communiquer les conclusions du professeur Scott Stanley, de l'université de Denver, directeur du département de psychologie[1]. Ce psychologue a consacré une grande partie de ses travaux aux relations affectives. Il a lancé une étude sur les nouveaux moyens de communication et leurs impacts sur le couple. Et notamment sur les surdoués. Selon lui, pour les adultes HP, jeunes ou moins jeunes, le recours permanent aux médias sociaux pour communiquer est désastreux. Hypersensible, trop impliqué, trop intense, le surdoué a besoin de temps, de réflexion et de s'investir dans une relation. Le papillonnage et la superficialité auxquels invitent les nouveaux modes de rencontre et les nouveaux médias de communication ne peuvent que déstabiliser les surdoués, et les pousser à se retirer dans leur coquille, tout comme ils n'aident pas à l'épanouissement d'une relation en général, et moins encore à la maturité, ni à la prise de responsabilité des futurs partenaires.

Pour trouver une harmonie de vie dans le monde tel qu'il est, et dans ses relations affectives, le surdoué, plus que toute autre personne, a besoin d'en faire l'expérience, pour apprendre et de lui-même et des autres ce qu'un être normal tient pour acquis. Les ruptures fréquentes, le refus d'approfondir une relation, de lui laisser sa chance, la facilité qui consiste à zapper d'un partenaire à l'autre, diminuent proportionnellement au « débit » amoureux la chance de construire un couple qui mérite ce nom.

Par ailleurs, la très forte demande affective du surdoué comme son exigence de vérité et d'honnêteté risquent fort de le placer en conflit permanent avec le reste du monde s'il ne connaît pas d'autre moyen de communiquer avec lui que ces nouveaux médias.

Le paradoxe des nouveaux médias

Les modes de communication actuels facilitent et intensifient les échanges entre les gens. Les prises de contact sont plus simples, les rencontres encouragées, les relations entretenues à distance en un minimum d'efforts. Un clic suffit à manifester votre intérêt pour quelqu'un, une émoticône à répondre vaguement à un post ou même à un texto. Ce nouveau système de communication est pratique dans beaucoup de cas, mais nuisible à la relation amoureuse. Je ne parle évidemment pas de la vie de couple, d'une relation stable, lorsque deux êtres se sont attachés l'un à l'autre. Je parle des débuts fragiles où la relation se dessine encore, n'en est qu'à ses prémisses. Vous rencontrez quelqu'un, vous échangez vos informations et, dans l'intervalle entre deux rendez-vous, ou même dans les heures et les jours qui suivent un premier contact, vous vous rappelez à l'autre par petits messages. C'est le grand moment des exégèses : qu'a-t-elle ou qu'a-t-il voulu dire ? Car au lieu de parler à demi-mot, avec l'aide d'une intonation, d'un regard, du langage corporel, qui véhiculent le vrai message, vous laissez place à l'ambiguïté.

Les relations nouées et entretenues via les réseaux sociaux sont difficiles à pondérer. Comment savoir si l'intérêt qu'on vous porte est réel, profond ? Les flirts se prolongent et l'ambiguïté d'une relation devient presque la norme.

Pour un surdoué qui vit et sent intensément, ce mode de communication représente un danger. Il doit le garder à l'esprit, surtout lorsque survient le silence radio après quelques semaines, voire quelques mois de relation intime. Les anglophones appellent cela *ghosting* : couper, sans donner la moindre explication, toute communication avec quelqu'un. Sous couvert de rapprocher, la technique permet ainsi une mise à distance d'autant plus violente pour la personne évincée que la communication a été facilitée auparavant.

Les personnes HP, dont le naturel les pousse à se remettre beaucoup en question, sont en position de grande faiblesse face à ce type de rupture. Le silence soudain ainsi que l'absence d'explication les poussent à chercher en eux les raisons de ce rejet et souvent, à les trouver, réveillant par là les blessures contractées dès l'enfance. Lorsqu'ils évoquent ces « échecs » dans mon cabinet, beaucoup de mes patients avancent des arguments communs : « J'ai été trop intense », « Je n'aurais pas dû l'ennuyer à parler autant la dernière fois », « Je lui ai dit que j'étais surdouée, c'était une erreur, il a pris ça pour de la suffisance », « Je dois être un Martien ».

Un homme d'âge mûr, confronté deux fois au jeu des ruptures par clics et émoticônes, m'a demandé si la jeunesse n'avait pas simplement perdu toute empathie. « À mon âge, je ne pensais pas pouvoir devenir un produit de consommation. Je suis capable d'entendre qu'on veuille passer à autre chose, mais c'est insultant de ne même pas mériter un mot d'adieu. Cela m'est arrivé deux fois et avec de jeunes hommes pourtant éduqués. Il y a des fessées qui se perdent. »

Dans un monde où le manque d'empathie a tendance à se généraliser, la capacité à communiquer en vient à se détériorer, paradoxalement, malgré la démultiplication des interfaces d'échanges. Et puisque le flirt et les relations sexuelles n'ont plus aujourd'hui pour objet le mariage ou la fondation d'une famille, les partenaires doivent apprendre à être de fins communicants, sans quoi les relations se compliquent. Car dans cette foire de candidatures aux rencontres amoureuses, tout le monde n'expose pas son véritable objectif. Un « plan cul » le temps d'un soir ? La recherche de celui ou de celle avec qui on a envie de construire son couple ?

Savoir parler de ses émotions ou bien gérer un conflit n'est pas inné, que vous soyez surdoué ou non. Cela s'apprend, s'acquiert au fil du temps et des expériences. Or les relations légères doivent par définition éviter l'explication. On ne doit même pas évoquer la possibilité de vouloir ou de devoir, par la force des choses, être réduits à de simples partenaires sexuels. En conséquence, les gens s'entraînent de moins en moins à exprimer leurs sentiments et leurs impressions, et partant, à les explorer avec toute la finesse que nous ont enseignée les grands romanciers. Or, malheureusement pour lui, le surdoué a besoin d'un état des lieux, surtout au moment si particulier de la rupture. Nous y reviendrons un peu plus loin.

8

Les difficultés des surdoués dans leur couple

Les frictions dans le couple de surdoués

Gardons-nous bien pour autant de décréter que la rencontre de deux surdoués entre eux ne peut donner que des couples réussis, solides et qui ne connaissent aucun problème. Le QI n'est pas le seul élément qui entre en jeu dans le plaisir et l'entente à deux, je l'ai déjà précisé. Le caractère de chacun, toujours unique et singulier, est une donnée fondamentale dans l'alchimie d'une rencontre et la possibilité que le flux des pensées et des échanges intellectuels se cristallise en un sentiment amoureux.

Ainsi, entre surdoués, l'échange que provoque la rencontre amoureuse peut hélas être contrarié par des tempéraments soit trop proches, soit trop contraires.

Le « trop » qui caractérise le surdoué, mis à la puissance 2, peut donner des réactions explosives, des emballements, l'excès de l'un décuplant celui de l'autre, jusqu'à ce que cette réaction en chaîne provoque des déflagrations. Il en va ainsi de l'hypersensibilité. Car s'ils sont écorchés vifs, doués d'une empathie que l'individu lambda jugera maladive, les surdoués brillent souvent aussi par leur absence de tact – formulé dans leur langage, par leur horreur du détour et du mensonge.

Persuadé d'avoir en face de lui une pensée aussi rapide que la sienne, et qui se déploie sur le même mode, le surdoué oublie de communiquer à son partenaire les étapes de transition de ses réflexions et de ses décisions. Chacun part alors dans sa direction, et le couple se perd de vue. Il peut s'ensuivre des malentendus, comme dans n'importe quel couple. Sauf que ces questions de mauvaise communication – imaginez deux ordinateurs de dernière génération, mais l'un fonctionnant sur un système d'exploitation PC et l'autre sur un système d'exploitation Mac – sont chroniques, et les prises de parole désynchronisées. Quand elle a besoin de parler, il a besoin de se recueillir. Quand elle exprime une idée, il la déploie dans la direction inverse.

> Parfois, je me dis qu'il vaudrait mieux que nous nous taisions. Il dit ce qu'il pense et je déduis qu'il a voulu dire autre chose à cause des nuances qu'il a introduites dans son discours. Mais alors, à qui parler ? Il n'y a qu'avec lui que je peux partager les idées qui me préoccupent. Lorsque j'étais jeune mariée, j'avais parfois l'impression de devenir folle car je ne comprenais pas comment son cerveau fonctionnait, et il me disait qu'il ne comprenait pas mieux mes modes de raisonnement. On se mettait à débattre pendant des heures de dialectique et de rhétorique. *Sylvie, 50 ans.*

Ou encore, ce témoignage de Pierre (53 ans), HP marié à une HP :

> Nous avons beaucoup de mal à réprimer notre impatience. Je suis très frustré quand elle ne comprend pas que je

verbalise ce que je suis en train de penser, et que je ne suis pas en train de me plaindre parce qu'elle me coupe la parole. Nous n'avons pas les mêmes talents. Elle est biologiste. Je suis juriste. Je m'irrite quand elle ne saisit pas immédiatement la subtilité d'un concept de droit, ou d'une jurisprudence, elle qui est surdouée !

Et celui de Françoise (39 ans), testée 135 de QI :

La maternité et l'éducation de mes enfants m'ont beaucoup aidée. J'ai été forcée de modérer mon impatience, de prendre mon temps, de me mettre à l'écoute de leurs demandes. De faire preuve de tact. J'ai appris du même coup à agir avec mon mari de la même façon. Je me suis créé une sorte de dictionnaire, un recueil d'équivalences entre mon mode d'expression et mes ressentis, et les siens. Depuis, nous n'avons plus – ou presque plus – de problèmes.

Frictions entre extravertis

Enfin, deux surdoués ensemble, surtout s'ils sont de nature extravertie et de tendance dominatrice tous les deux, courent le risque d'entrer en rivalité mimétique. Là est sans conteste le danger le plus grand qui les menace lors de leur rencontre : placer leurs jeux intellectuels sur ce mode de la concurrence – vouloir être aimé et admiré en jetant perpétuellement des défis à l'autre, fût-ce de façon ténue. Faire des jeux de mots, composer des petits problèmes de logique, défier en versification. Même s'ils se comprennent au quart de tour, et surtout s'ils partagent la même passion, les deux peuvent entrer dans une concurrence effroyable et mortelle pour le couple. C'est ainsi que beaucoup d'hommes HP n'ont pas su résister à la tentation de broyer leur partenaire avec qui, par la force des choses puisque c'est leur passion commune qui leur a permis de se rencontrer, ils sont entrés en compétition. Que l'on pense à la tragique histoire de Camille Claudel et d'Auguste Rodin.

C'est d'ailleurs une plainte qui revient souvent dans mon cabinet – des femmes surdouées, mariées à un surdoué mais que leur mari veut maintenir sous leur coupe.

> Ma relation avec mon mari est épuisante depuis l'instant de notre rencontre. Ce qui était un jeu entre nous, au début, est devenu une arme, ni l'un ni l'autre ne se résolvant à s'avouer vaincu. C'est à la fois instructif et destructeur. *Geneviève, 51 ans.*

J'ai souvent eu, aussi, à aider des surdoués à trouver un modus vivendi pour rendre leur quotidien vivable, lorsque extravertis tous les deux ils ne partageaient pas le même domaine d'expression. Il faut alors rendre compatibles les manifestations de leur don respectif – l'un a besoin de travailler à des algorithmes, l'autre de composer de la musique om.

Frictions entre extravertis et introvertis

Il y a aussi la formule de l'extraverti qui rencontre l'introverti.

On pourrait penser que par un principe de vases communicants, l'exubérance de l'un, son infatigable énergie apportera à l'autre, l'introverti, ce regain d'audace et de dynamisme qui lui font défaut. Il n'en est pas toujours ainsi. L'extraverti, lorsqu'il ne rencontre aucune résistance de la personne à laquelle son cœur et son intelligence se sont attachés, peut devenir *pushy.* Il force le ton, la note, redouble de démonstrations en pensant entraîner l'autre dans son monde tourbillonnant, dans ses pensées chatoyantes. Mais l'introverti, quand c'est trop, même pour lui, a dès lors plutôt tendance à se replier dans sa coquille. Certains adultes à haut potentiel sont maladivement timides et – c'est un caractère récurrent des surdoués – manquent chroniquement de confiance en eux. N'oublions pas le terrible sentiment d'imposture qui taraude beaucoup d'entre eux depuis l'enfance ! Dès lors, l'introverti se persuade qu'il ne mérite pas cette rencontre, que son imposture ne tardera pas à être découverte et, dépourvu de toute confiance en lui, il préférera s'esquiver et ne pas se rendre au deuxième rendez-vous.

Si son partenaire ne saisit pas la nature de ce recul de l'introverti, alors ce nouvel équipage risque fort de faire naufrage.

Avec cette catégorie de surdoués (bien sûr, ma description est très schématisée), il convient de se rappeler le désir de plaire, d'être reconnu et d'être aimé de ces êtres fragiles et hypersensibles. La crainte d'être blessé dans une relation à laquelle il s'offre avec une sorte d'ingénuité, intime à l'introverti de prendre son temps, d'avancer à pas de velours dans cette rencontre qui décidera peut-être de sa vie. Ce temps de réflexion, de maturation et d'épanouissement doit être compris par le partenaire extraverti, vibrant d'impatience. Ce dernier aura à accepter et à protéger cette réticence naturelle à toute précipitation.

Enfin, quoiqu'ils soient à l'opposé dans l'expression de leur essence, les surdoués extravertis et introvertis ont un point commun : leur attente d'une puissante complicité qui, dès qu'elle se manifeste et trouve un point d'ancrage dans leurs activités ou dans leur conversation, aplanit considérablement les difficultés – elles-mêmes deviennent sujets de réflexion… et de plaisanteries partagées. Les surdoués apprennent assez vite à composer l'un avec l'autre, conscients de l'aubaine exceptionnelle de cette rencontre avec leur pair en esprit. Dès lors, leur rencontre a un avenir prometteur.

Frictions entre deux introvertis

Plus problématique est la situation d'une rencontre entre deux introvertis. Ce fut le cas de l'un des couples de surdoués les plus extraordinaires du cinéma : Alfred Hitchcock et Alma Reville, son épouse. Il a 22 ans lorsqu'il la rencontre dans les studios londoniens d'Islington. Ils ont exactement le même âge, à un jour près. La même passion – Alma est entrée dans ces studios à l'âge de 16 ans. Elle y est monteuse et assistante de réalisation. Elle jouit déjà d'une renommée certaine et on la sait travailleuse au point de n'avoir jamais trouvé le moment de rencontrer quelqu'un. Il faudra plus d'un an à Alfred Hitchcock, pourtant ébloui par le talent de la jeune femme, pour oser l'aborder. Et encore, par un moyen détourné – « Hitch » va demander au réalisateur du film sur lequel il travaille d'engager Alma comme monteuse. Leur tandem devient inséparable, leurs discussions, leurs échanges sont permanents. Mais quoiqu'ils partent ensemble pour une mission en Allemagne, où ils se passionnent ensemble et d'une même fougue pour le cinéma allemand, leur relation reste platonique. Leur complicité artistique et créative, elle, ne cesse de croître. Mais Hitch n'a jamais connu de femme, et il est paralysé de terreur à l'idée de se déclarer. Pour oser enfin la demander en mariage, il attendra qu'un terrible mal de mer, lors d'une traversée atlantique, l'affaiblisse. Tellement qu'elle n'aura pas la force de dire oui, et à peine celle de hocher la tête. « Il fallait que je vous surprenne quand vous étiez trop faible pour dire non », avouera-t-il. Le couple restera soudé et partenaire à la ville et derrière l'écran. Elle participe à ses plus grandes réalisations – c'est Alma qui imagine la mise en scène de la célèbre séquence de la douche, dans *Psychose*. Toute sa vie, Hitch soumettra son travail à la critique d'Alma et lorsqu'il apprendra qu'elle est atteinte d'un cancer, il s'effondrera. Elle parviendra à vaincre la maladie, et c'est finalement Hitch qui partira le premier, mais elle lui survivra peu – deux ans à peine. Le couple n'a jamais caché son peu d'appétence pour les ébats physiques. Du moins Hitchcock, trop introverti, jusqu'au maladif. Il n'empêche. Sans elle, reconnaîtra-t-il officiellement, lors d'un hommage qu'il reçoit de la profession, il n'aurait rien été.

Cet exemple est emblématique de beaucoup de surdoués, que l'émoi éprouvé lors d'une rencontre peut littéralement faire suffoquer.

Les difficultés avec un partenaire qui n'est pas surdoué

Je l'ai déjà signalé, la douance partagée n'est pas le garant unique de la réussite d'un couple. Pour autant, passé l'émoi physique – sexuel – qui préside à beaucoup de rencontres, les relations du couple courent le risque de s'édifier sur des malentendus, tout simplement parce que l'appréhension du monde est radicalement différente chez l'un et l'autre. La passion, l'exubérance, la richesse des propos, l'empathie, l'idéalisme du surdoué, découverts lors des premières rencontres, sauront à coup sûr séduire le non-surdoué et l'entraîner dans un tourbillon joyeux, parfois jusqu'au mariage. Mais très vite, le trop-plein de « trop » et de « tout » épuise l'élu. Je note souvent le grand décalage d'interprétation des qualités saillantes du surdoué par son compagnon ou sa compagne :

• Sa créativité, sa tendance à se passionner pour mille choses à la fois et à s'essayer dans des expériences nouvelles passe pour de l'instabilité ;
• Son besoin fondamental de discuter, de construire une réflexion sur les propos de l'autre est considéré comme un sens maladif de la contradiction ;
• Son trop grand altruisme passe pour de la faiblesse ;
• Son perfectionnisme passionné passe pour de l'obstination, pour un entêtement buté ;
• Son hypersensibilité et ses oscillations d'humeur sont considérées, chez les femmes comme de l'hystérie, chez les hommes comme un manque alarmant de virilité ;
• Le trop-plein d'empathie, cette capacité à se fondre dans l'émotion de l'autre jusqu'à l'épouser, est interprété comme un manque de caractère et une regrettable tendance à se laisser influencer ;
• Sa forte propension à la résilience, par l'art consommé de trouver la meilleure version d'un événement malheureux pour en atténuer le choc, passe au mieux pour de l'affabulation, au pire pour de la mythomanie.

Hélène (43 ans) est brillante, mais elle n'est pas à haut potentiel intellectuel. Elle a épousé un surdoué testé à plus de 140 de QI. Il exprime sa douance dans un domaine conceptuel aride : les mathématiques. Ses raisonnements, dit-elle, sont fulgurants en maths, en logique, en informatique et en gestion de l'espace. De son côté, elle possède un talent incontestable dans l'expression verbale et le sens artistique. Elle est créative mais d'une façon plus empirique, plus sensuelle qu'abstraite. Elle redoute la violence et l'opposition dans son rapport avec les autres. Quoiqu'elle aime son mari, et l'admire, elle envisage de divorcer « et pourtant, soyez certaine que je n'aimerais être avec personne d'autre ! Mais là, je n'en peux plus. J'ai besoin de me retrouver, de reprendre mon souffle ». Au bout de quinze années de vie commune, et après la naissance de leurs deux enfants, Hélène n'a pas trouvé le moyen ni le terrain commun qui permettrait aux deux de s'entendre, au sens premier du terme : recevoir ce qui est dit dans le sens où chacun le conçoit lui-même. Depuis quinze ans, les deux se blessent à cause d'erreurs d'interprétation des propos, des gestes et des réactions, et si les deux en souffrent, ils parviennent rarement à une réconciliation profonde. Il a fallu plusieurs séances, dans mon cabinet, pour qu'elle s'autorise à accepter qu'elle n'était pas la femme stupide qu'elle avait fini par croire qu'elle était, à cause de ses difficultés à saisir le tour de pensée de son époux dont le monde des sciences applaudissait la supériorité intellectuelle. Et qu'elle n'avait pas à être l'égale de son mari, comme il n'avait pas à tenter de lui ressembler ou d'entrer en compétition avec elle dans le secteur où elle excellait – l'art, l'écriture.

Lorsque je lui ai fait part des spécificités de la douance, où elle a reconnu « à 100 % » le portrait de son mari, Hélène a ces mots :

> Comme je regrette de ne pas avoir su tout cela avant de me marier ! Combien d'erreurs auraient été évitées de cette façon ! Je voyais bien que mon fiancé était différent – mais je l'en admirais. Il avait un côté savant fou, professeur

Tournesol, qui m'émouvait au point de me rendre aveugle sur les problèmes que j'aurais à rencontrer au quotidien, dans une vie de famille. Je ne savais pas que la communication allait être aussi difficile, qu'il s'impatienterait non pas à cause de moi, mais à cause de lui-même, pressé par ses propres pensées. Je ne savais pas que sa façon d'apprendre même serait différente de la mienne. Je me souviens du jour où nous avons décidé d'étudier quelques rudiments d'italien, pour préparer un voyage en Italie. Nous nous sommes lancé les méthodes à la tête !

Si le surdoué a pris soin de se faire connaître au non-surdoué, de lui expliquer ce qui le différencie des autres, et que ce dernier comprend ces excès et la raison des décalages permanents, des contradictions paradoxales (le surdoué brûle de faire part de ses idées, de les exprimer, de les partager et en même temps il a un besoin vital de s'isoler, de silence et de réflexion), alors le couple saura prévenir l'advenue des malentendus.

> Mes parents m'ont fait diagnostiquer quand j'étais au collège. Le test s'est avéré positif. Ça m'a permis de préparer celui qui allait devenir mon mari. Je l'ai aimé parce qu'il était très différent des autres hommes, à l'époque plutôt misogynes. Il n'avait aucun a priori. Je lui ai fait lire *Le Deuxième Sexe* de Simone de Beauvoir avant de lui dire oui. Il est doux, bienveillant et sensible. Ce que nous partageons avec l'intensité dont j'ai besoin, c'est la spiritualité.
> *Anne, 65 ans, 3 enfants.*

Bien évidemment, l'adaptation pourra prendre du temps, et connaître des « ratés ». L'écueil le plus difficile à éviter est qu'avec la rareté des terrains communs les centres d'intérêt sont appréhendés sur un mode radicalement différent.

> Il faut bien que vous compreniez que mon empathie ne se porte pas sur ce qui bouleverse quelqu'un qui n'est pas surdoué. Mon esprit de la lettre est tel qu'il ne supporte pas d'exception. Ma conception de l'éthique ne tolère pas les circonstances atténuantes. Dès lors, toute discussion est vouée à l'impasse. *François, 23 ans.*

Encore une fois, cet état de fait n'implique pas que la relation surdoué/non-surdoué soit vouée à l'échec. D'autant plus que l'écoute, la patience et la douceur du non-surdoué apportent à ce dernier le calme vital et le sentiment de sécurité dont il a besoin pour s'épanouir. Le non-surdoué, de son côté, profite d'une relation exceptionnelle avec un être poreux à la vie et au monde, entier et enrichissant.

> Ma femme m'épuise, et souvent elle m'agace avec ce que j'appelle ses délires, ses oscillations permanentes d'humeur, mais je l'admire et je n'imagine pas ma vie sans elle. Je suis conscient des efforts qu'elle fait parfois pour se mettre à notre niveau, comme je tente d'en faire pour me rappeler en permanence à quel point elle est différente. Mais là, j'ai besoin de faire un break. *Alain, 42 ans, 2 enfants.*

Dans une étude dirigée par le chercheur canadien David Willings, et menée pendant dix ans sur des étudiants surdoués, beaucoup d'entre eux ont reconnu avoir eu des relations amoureuses rompues par leur partenaire parce qu'il se disait « épuisé ». Un adulte avait ainsi expliqué à sa fiancée HP : « Je ne peux pas te suivre. Tu es la personne la plus épuisante de mes connaissances. »

9

Les freins au bonheur

« Après tout, ce que nous appelons
nos expériences de l'amour
n'est peut-être qu'un écho
de nous-mêmes ?
Ce serait éventuellement une formule
dans laquelle tout viendrait
prendre place. »

Eduard von Keyserling,
Son expérience de l'amour.

Une rencontre providentielle, un partenaire aimé, qu'il soit surdoué ou pas, un mariage qui a pris sa vitesse de croisière et des enfants. Tout semble au rendez-vous pour assurer à l'adulte HP un bonheur à deux et la satisfaction d'une vie de famille réussie. Et pourtant, il semble que ceux-là même qui apparemment possèdent tout pour être heureux aient des difficultés spécifiques à y parvenir et remettent, plus que les couples lambda qui réunissent les mêmes conditions de vie et d'équilibre, la qualité de leur couple en question.

Au cours de mes consultations, j'ai pu lister les remarques récurrentes chez ces adultes HP qui ne s'expliquaient pas pourquoi, alors que du point de vue de la raison tout concordait, ils éprouvaient des difficultés à se sentir pleinement heureux avec leur partenaire et dans les projets de famille envisagés.

Ils hyper-analysent

Malgré leur propension naturelle à embrasser les idées nouvelles, à lancer des projets, il leur arrive de freiner au dernier moment – et partant, de communiquer à leur partenaire le sentiment qu'ils sont indécis, incohérents, irrésolus.

Ils savent si brillamment exposer les étapes de leurs raisonnements et, en conséquence, le bien-fondé de leurs doutes, qu'ils parviennent quelquefois à l'instiller chez l'autre. Pour ce qui concerne leur carrière personnelle, ils sont confrontés au même décorticage du pour et du contre. Ils craignent, en s'engageant, de passer à côté de l'autre voie qu'ils avaient envisagée, et de gâcher leur talent.

Cette irrésolution est très éprouvante pour leur partenaire.

Ils sont pris dans le paradoxe de la double reconnaissance

À la fois, le surdoué désire de toutes ses forces être aimé et reconnu dans l'intégralité de son être – et il faut comprendre l'intensité de ce désir à l'aune des sentiments d'étrangeté et de décalage et des souffrances qu'il a endurés à cause d'eux – et il veut en même temps mériter cette reconnaissance en se dévouant corps et âme pour son partenaire.

Cette espèce de course paradoxale au « toujours plus » amoureux, et la crainte de ne pas en obtenir de récompense, le plonge dans un état de stress et d'angoisse qu'aggrave une imagination naturellement sombre. Le surdoué imagine toujours le pire, tremble qu'un accident mette un enfant ou son couple en péril. Il aurait volontiers pour adage « Le pire est toujours à venir ».

Dès lors, il est incapable d'insouciance, de profiter du moment présent, qu'il gâche en projetant sur le bonheur de l'instant les mille probables ombres à venir qu'il sent le menacer. John Irving a dressé un très beau portrait de ce type d'individu dans *Le Monde selon Garp*, et exposé les conséquences sur le couple de cette angoisse et de ces dramatisations permanentes.

Ils s'ennuient très facilement, et très vite

Il s'ennuie au quotidien : les tâches domestiques, mécaniques et répétitives l'accablent.

Le train-train de la vie à deux peut le dévitaliser. Il attend de son partenaire une excitation intellectuelle permanente, une repartie ludique, une conversation nourrie. Ses demandes à ce sujet peuvent être pressantes – non pour harceler l'autre, mais par besoin vital de trouver une nourriture intellectuelle, comme l'organisme qui souffre d'hypoglycémie a un besoin urgent de sucre. Il a dès lors tendance à faire irruption sans prendre en compte la situation de son partenaire – occupé à autre chose, dans l'urgence d'un soin pour les enfants – et à être impérieux dans ses questions, ou ses propositions.

S'il ne parvient pas à trouver dans ses ressources personnelles, au lieu de les chercher dans son couple, ces nourritures intellectuelles et spirituelles, le surdoué peut remettre son couple en question.

Ils sont hypersensibles

Les surdoués peuvent être submergés par des émotions qui les anéantissent. Une simple réflexion de l'être aimé les plonge dans un abîme de chagrin. Le spectacle d'une injustice, à la télévision ou dans leur entourage, les touche dans l'âme et les révulse.

Ils doivent alors apprendre à se protéger émotionnellement, à cadenasser leurs émotions pour qu'elles ne les débordent pas – mais alors soit ils passent pour des animaux à sang froid auprès de leur conjoint, soit ils se privent d'intenses bonheurs.

A contrario, les moments de joie sont eux aussi fortement ressentis, et exprimés avec ce qui semble une démesure aux yeux du conjoint qui aura des difficultés à s'adapter à cette violente émotivité, qu'il définit souvent non comme de la sensibilité mais comme de la sensiblerie.

Ils sont très intuitifs

Les surdoués ont souvent un don d'extralucidité. Ils possèdent l'art de lire les pensées d'autrui, et particulièrement les pensées des êtres qui leur sont le plus proches. Très perceptifs, ils *savent*, comme si leur partenaire l'exprimait à vive voix, ce que celui-ci pense à l'instant où il le pense. Et ce peut être douloureux pour eux, et très oppressant pour le partenaire, qui peut avoir l'impression d'être espionné, voire harcelé.

Ils sont idéalistes et perfectionnistes à la fois

Ils ont des attentes fortes, qui ne faiblissent pas tout au long de leur vie à deux. Ils recherchent en permanence du sens à ce qu'ils font, un sens à leur vie même et… plus compliqué et plus problématique pour l'équilibre de la vie à deux, un sens à leur vie en couple qui, pris dans le quotidien et le pragmatisme des problèmes à résoudre, ne peut pas toujours satisfaire leurs idéaux, ni répondre entièrement à leurs inquiétudes existentielles. Ils ont tendance à mettre de la gravité dans chaque acte du quotidien, dont ils pèsent l'importance à ses conséquences géopolitiques, écologiques, philosophiques ou éthiques…

Ils sont extrêmement exigeants

Ils attendent de leur amour et de leurs amitiés des échanges profonds, renouvelés, enrichis.

Leurs attentes sont parfois impérieuses et leur horreur des concessions n'adoucit pas leur mode de relation. Leur soif de réflexion touche tous les sujets qu'ils abordent avec le partenaire amoureux ou avec l'ami et ils se cabrent quand ils se heurtent à des réponses désinvoltes, ou ce qu'ils jugent être de la frivolité. Leur sens de l'humour, dont ils ne sont pas dépourvus, se joue lui aussi d'une façon qui leur est particulière, et qui peut heurter soit par son surréalisme, soit par sa causticité.

Ils sont extrêmement impatients

Comme ils pensent et réfléchissent à la vitesse de la lumière, ils ne comprennent pas qu'on ne les suive pas et s'impatientent quand ils n'obtiennent pas tout de suite la réponse à leur demande, ou la réalisation et la concrétisation de ce qu'ils ont mis en œuvre. Cette irritabilité est souvent perçue comme une agression et une marque de condescendance ou de mépris, ou la volonté expresse d'humilier le partenaire.

Ils ont un sens de l'humour dévastateur

Et particulièrement les femmes surdouées. Je l'ai évoqué dans mon précédent ouvrage sur les femmes surdouées, l'humour est un mécanisme de défense très souvent mis en place par les femmes HP quand elles se trouvent dans une situation qui les dépasse ou qui les déstabilisent. Freud considérait l'humour comme « la plus haute des réalisations de défense » parce qu'il permettait de transformer immédiatement un déplaisir en plaisir, une position de faiblesse en position de force, et aussi de se tenir à distance d'une situation considérée comme menaçante. Les surdoués pratiquent beaucoup l'humour. Il est très souvent présent dans leur manière de se raconter, d'évoquer des expériences passées, de parler d'eux-mêmes. Mais le surdoué qui pratique l'humour est rarement attentif à ne pas blesser son interlocuteur, au risque de s'en faire un ennemi au lieu du complice qu'il comptait enrôler au cours de la conversation. Car, s'il permet de minimiser le stress, de masquer une émotion intense et un trouble qui peut être douloureux, le trait d'humour peut être mal interprété quand il est le fait de surdoués, et plus encore d'une femme HP. Plus acérées et plus tranchées que chez la moyenne des gens, les répliques humoristiques des surdoués sont très souvent chargées d'une part de vérité et de dérision qui peut cruellement blesser ou agresser l'interlocuteur. Au lieu de la complicité attendue, le malaise s'intensifie.

10

Les pièges qui menacent les relations amoureuses des surdoués

Pour bien comprendre les autres, ce qui n'est déjà pas chose aisée pour les adultes à haut potentiel, il faut commencer par bien se comprendre soi-même, afin de pouvoir pointer ce qui, dans ce comportement qui nous paraît naturel et normal, ne l'est pas pour les autres. Ces différences de mode d'être comme ces variations ou ces décalages de réactions ont souvent été amplifiés dans l'enfance, selon l'éducation que les surdoués ont reçue et en fonction de la connaissance plus ou moins précoce de leur diagnostic.

Or, très souvent et dès l'enfance, les adultes HP ont eu à affronter de nombreux « challenges » dans leurs relations sociales. Certains ont eu à s'adapter à l'écart extrêmement important entre leur maturité intellectuelle et leur maturité affective. D'autres ont échoué à se rendre populaires à l'école ou à se faire des amis, et ils en ont souffert.

D'autres se sont sentis différents en tout, ont réagi aux incitations scolaires et à celles de leurs camarades à l'inverse du comportement attendu et ils ont pu être maltraités, ou raillés systématiquement par les autres. Il s'est ensuivi, chez certains, l'aggravation d'un caractère récurrent chez les surdoués : la mésestime de soi et le sentiment d'imposture, ainsi qu'une tendance à l'isolement, au repli sur soi voire au refus d'oser affronter le monde extérieur ou de tenter de nouer des amitiés. Enfin, dans leur quête de relations affectives, ils ont pu avoir gardé les modes de protection qu'ils ont développés au cours de leur enfance et de leur adolescence pour affronter les autres – ainsi l'adoption d'un faux self, redoutable dans les liens affectifs. Et une mésestime de soi profonde, qui attire comme le miel les abeilles, l'ennemi par excellente du surdoué en matière amoureuse : le (ou la) pervers(e) narcissique.

Le faux self

> J'ai tellement menti toute ma vie que je sais plus où j'en suis. Suis-je vraiment heureux dans ma vie privée ? Dans toutes les relations, je me suis senti le devoir de donner le change pour me faire aimer. Dans toutes mes rencontres, j'ai cherché à ressembler à quelque chose, à quelqu'un que je n'étais pas.

On connaît la boutade d'Oscar Wilde : « Soyez vous-même, les autres sont déjà pris. » Elle dit à elle seule l'impasse dans laquelle ceux qui tentent de se vêtir d'une autre peau que la leur s'engouffrent. C'est le constat qu'a fait Yves, à 60 ans, surdoué, et venu me consulter au cœur d'une intense dépression existentielle. J'ai dû lui exposer que comme surdoué, il avait eu recours à ce qu'on appelle le faux self en psychologie.

J'ai longuement exposé, dans mes livres précédents sur la douance, les principes et mécanismes du faux self. Je dois revenir sur l'essentiel de son mécanisme, pour une bonne compréhension des problèmes qu'il peut poser en matière d'affects.

Une identité se forme dès les premiers mois de la vie dans son interaction avec le monde animé et inanimé. Le nourrisson, parce que sa mère ou son parent subvient à tous ses besoins, fait d'abord l'expérience d'un monde où tout lui est adapté, où rien ne vient à manquer. Cela est vrai dans un développement normal (et souhaité) où l'enfant est veillé par une personne qui lui est dévouée, qui lui prodigue des soins et l'amour nécessaires à son épanouissement. L'enfant a besoin d'un sentiment de sécurité, de confort lorsqu'il fait son apprentissage du monde, et de lui-même dans le monde. Le self (« soi », en anglais), comme l'a théorisé Donald Winnicott, se construit d'abord dans cette assurance que tout besoin vital est assouvi immédiatement et cette assurance donne à l'enfant le goût et l'appétit de vivre. Un peu plus tard, le petit enfant comprend que la magie du monde ne réside pas dans la réalisation immédiate de ses désirs par l'effet d'un simple claquement de doigts : la mère restreint son sentiment de toute-puissance en ne satisfaisant pas immédiatement tous ses désirs et en lui enseignant qu'il doit faire un effort pour les atteindre. Plus qu'un apprentissage de la frustration, cette étape permet au nourrisson de construire sa conscience de soi et par là, sa confiance en lui. Il veut et il peut.

Le self, dans l'approche que nous retenons ici, est une identité propre. Elle naît de besoins à la fois ressentis et exprimés dans une action : le geste qui pointe, le mot ou l'onomatopée qui désigne. Le vrai self, cette identité vraie, se construit dans la réalisation et dans la mise en action de nos besoins et de nos désirs. « Seul le vrai "self" peut être créateur et seul le vrai "self" peut être ressenti comme réel », écrit Winnicott. Il faut donner au mot « créateur » un sens élargi, universel. Autrement dit – avec les mots de Freud qui sont passés dans le langage courant –, seul le vrai self est pulsion de vie… Nous aurons à revenir sur ce point.

Le faux self, quant à lui, apparaît quand il y a un surcroît de contraintes extérieures. L'enfant ne pouvant pas toujours obtenir ce qu'il demande, il adapte son désir à ce qu'on lui propose et fait sien le désir de l'autre, et de bonne grâce. Plus encore : pour plaire à sa mère, il s'applique à répondre à ses attentes. Ainsi, au lieu de se calquer sur son mouvement spontané de lui vers le monde, le nourrisson, puis l'enfant, puis l'adulte, se construit en réaction à l'environnement. C'est alors que le faux self se met en place. Il est cette autre personnalité, artificielle, qui s'est fabriquée pour se soumettre et s'adapter aux contraintes extérieures.

Son apparition est un processus normal – elle procède de l'acceptation de l'être humain de la vie en groupe, et des règles et contraintes du monde extérieur. La personnalité de l'individu, ce qu'on appelle en psychanalyse son *self*, résulte d'un équilibre entre les deux selfs : le vrai et le faux. Le faux self joue un rôle de protecteur du vrai self, qui sans lui aurait sans cesse à prendre de plein fouet les agressions du monde, et y répondrait avec une violence égale.

On parle de problème de faux self en cas de déséquilibre. Quand la soumission aux attentes est trop grande, en réaction à des contraintes trop fortes, le vrai self est étouffé au profit d'une personnalité soumise, inessentielle. Il ne s'agit pas tout à fait du masque de Lorenzaccio, qu'il s'est choisi dans un but précis et qui finit par lui coller à la peau.

La personne souffrant d'un faux self est inconsciente de l'existence de ce masque, sauf lorsque la souffrance qu'elle éprouve à n'être jamais elle-même, à contraindre ses désirs, sa nature et ses aspirations fait sauter les verrous. C'est alors la prise de conscience dramatique d'être passé à côté de soi et de sa vie, dont se plaint Yves.

C'est qu'à un certain stade, cette identité de façade ne joue plus son rôle de protection, au contraire. L'individu doté d'un faux self suscite autour de lui un sentiment de gêne – ce malaise qu'on ressent toujours en présence d'un être faux, hypocrite. Dès lors, le faux self échoue à assurer ce qu'il était censé faciliter : une intégration heureuse dans la société des hommes. En général, la femme surdouée est plus encline à développer un faux self qu'un homme surdoué, je l'ai exposé au début de ce livre, car, d'une nature (en général) plus soumise lorsqu'elle est petite, elle s'est habituée à se plier aux désirs de ses parents pour leur plaire, consciente de ne pas correspondre à la norme. Mais, comme Yves, nombreux sont les hommes HP qui ont développé un faux self jusqu'à son stade extrême : une perte d'identité profonde, la disparition d'un rapport avec sa vérité essentielle, qui finissent par générer une mésestime grave de soi-même, qui ne peut que déboucher sur une dépression et des crises d'angoisse.

L'enfant précoce, quel que soit son sexe, a une tendance naturelle à faire évoluer son « soi » en faux self pour compenser les souffrances qui résultent de son sentiment de sa différence, et de son incapacité à intégrer le groupe tel qu'il est. Dès la plus tendre enfance, et déjà dans le regard maternel, il a vu que son mode de fonctionnement constituait une source d'angoisse et d'incompréhension pour sa mère. Il a dès lors appris à avoir recours à un self qui lui garantit la satisfaction et l'amour de sa mère, et cette attitude peut le conduire à une excellence scolaire mais qui n'est pas assortie d'une égale satisfaction personnelle. L'enfant surdoué – et plus souvent la fille que le garçon, d'une nature moins obéissante – recourt au faux self par angoisse de ne pas être accepté, de déplaire et ne pas correspondre aux attentes des autres. J'ai déjà raconté le cas de Diane qui découvrait toutes les fois où elle était passée à côté d'elle-même dans sa vie, simplement par angoisse de décevoir. Je rappelle ses paroles éclairantes : « J'ai eu tellement peur de ce qu'on penserait de moi, tellement peur d'être rejetée, que j'ai fini par me rejeter moi-même. Quel temps perdu à me nier ou à m'accuser ! »

Dès lors, dans les relations amoureuses qui nous intéressent ici, le surdoué en mode faux self cherchera à épouser tous les stéréotypes de l'homme idéal ou de la femme parfaite pour être sûr de plaire. Cette tendance est aggravée chez la femme HP, naturellement plus encline à vouloir plaire et faire plaisir.

Dès lors, dans le jeu de l'amour et de la séduction, les surdoués se trouvent confrontés à deux écueils : soit ils cultivent un faux self et conquièrent le ou la partenaire qu'ils convoitent mais construisent de fausses relations et composent un couple d'apparence, et alors ils continuent d'être malheureux – ainsi qu'en témoigne Yves – et de trembler de peur d'être bientôt découverts ; soit ils affirment leurs fortes différences, et prennent le risque d'être rejetés et de rester éternellement seuls.

Le choix entre les deux selfs n'est pas aisé. Il relève d'un long travail d'analyse pour se débarrasser des réflexes de défense et des différentes couches qui ont été revêtues année après année. Après des décennies de mise en place d'une sorte de double personnalité, le surdoué, handicapé par une manière radicalement différente d'appréhender le monde, ne sait plus toujours exactement ce qui relève réellement de son moi profond, ou de ce qu'il s'est obligé à copier chez les autres. De plus, le faux self, s'il sert à se faire aimer, permet aussi de tenir les autres et leurs agressions à distance et de se ménager une zone de confort.

Alors que se passe-t-il dans une relation amoureuse, quand le surdoué présente un faux self à son partenaire de rencontre ?

Le faux self s'assortit généralement d'un fort sentiment d'imposture. La peur d'être découvert *par l'être dont on recherche de toutes ses forces l'amour et la reconnaissance* redouble cette crainte – dans une sorte de cercle vicieux, pour se protéger de cette peur, le surdoué va faire appel aux vieux recours de l'enfance : renforcer son faux self, chercher à correspondre en tous points aux attentes de son partenaire. Mais ce dernier ressent très vite qu'il y a quelque chose de faux, de superficiel chez l'être qu'il a épousé. Il en ressent une sorte de malaise. Quant au surdoué, homme ou femme, il étouffe vite sous la chape de cette personnalité d'emprunt, qui le perd lui-même. On voit bientôt apparaître des conséquences délétères sur l'équilibre psychologique du surdoué, sur sa santé, du fait du stress et de la frustration que la situation a engendrés. Dans le cas le plus grave, la focalisation du discours et des actions sur les attentes du partenaire pousse le surdoué à vivre et à agir dans un état de soumission et de dépendance extrêmes avec son mari ou sa femme. Plus l'individu vit dans la peur d'être démasqué, et de perdre sa moitié, plus son faux self se déploie et cherche à prévenir les désirs, à devancer les attentes du conjoint, à être payé de compliments et d'affection en retour.

Ce processus a des conséquences perverses : ce faux self

éloigne de plus en plus le surdoué de ses véritables aspirations, des authentiques besoins de son âme. La satisfaction que procurent les éloges et la reconnaissance empêche les désirs véritables d'émerger. Le vrai self est étouffé, comme est étouffée toute velléité de retour vers soi. Car chaque fois que le vrai self voudra reparaître, chaque fois qu'il voudra se réapproprier un espace propre, il rencontrera l'ahurissement du partenaire, sa frustration de n'être plus le centre exclusif de l'attention de sa moitié.

Dans la majorité des cas, le conjoint aura recours à un chantage affectif, même inconscient. Il parviendra à ses fins : il minera la tentative du surdoué de secouer sa carapace. Le surdoué finira par renoncer à écouter la petite voix qui lui souffle que quelque chose ne fonctionne pas. Cette conscience malheureuse, tapie dans l'inconscient, l'empêchera alors de dormir, et lui fera perdre un jour le goût de continuer à construire, et toute satisfaction pour ce qu'il a d'ores et déjà édifié.

C'est le moment terrible de la chute, et de la dépression.

Cette chute au fond du fond, avec la période d'intense souffrance qui l'accompagne, est souvent, hélas, l'étape nécessaire pour que le vrai self refasse surface. Cet état dépressif se manifeste par un sentiment de vide, de tristesse, un désintérêt soudain pour tout ce qui rendait heureux jusqu'à présent – une famille qu'on vous envie, le sentiment d'aider à la réussite de son conjoint, l'idée qu'on en est aimé. Cela peut ressembler de loin à une « crise de la quarantaine », mais n'en est pas une. C'est une pulsion de vie qui s'éteint, et demande, par le refus de continuer sur ce mode, que le vrai moi resurgisse et que la personnalité authentique puisse enfin se déployer, et commencer à réaliser ce à quoi elle est destinée. Parfois, la prise de conscience peut avoir lieu au détour d'une rencontre amicale ou amoureuse, qui secoue la carapace, crée d'autres désirs de plaire – ceux-ci parvenant à émerger et à s'exprimer enfin. Je vois ainsi, dans mon cabinet, apparaître des hommes ou des femmes, comme Yves, conscients pour la première fois des masques qu'ils portent, et du sable sur lequel ils ont construit leurs vies. Il restera alors le long et parfois douloureux travail d'analyse pour se retrouver, faire la part du vrai et du faux.

Ces prises de conscience ne s'accompagnent pas toujours d'un divorce. Si, pendant toutes les années du mariage ou de la vie à deux, un véritable sentiment s'est construit de part et d'autre, alors le couple pourra véritablement se rencontrer, et il n'est pas rare que pour le partenaire du surdoué, ce soit une découverte bénéfique et heureuse. La plupart du temps néanmoins, l'aide d'une thérapie de couple s'avère nécessaire, car un couple est aussi un être à part entière, constitué des deux membres qui le composent, chacun s'étant façonné à l'image et selon les attentes de l'autre.

Le surdoué, s'il divorce, aura à guérir de ce qui l'a amené à avoir recours au faux self : cette absence de confiance en soi qui vire souvent au sentiment d'imposture, à la mésestime et à l'autodénigrement. Ce cocktail délétère sape tout instinct de prise de risque et, notamment, de risque amoureux. Car existe-t-il un domaine dans lequel la prise de risque est la plus forte, la plus irrationnelle, mais la plus riche en perspectives ? Or, pour réussir son couple, si tant est qu'on rencontre sa moitié, cette altérité qui favorise l'épanouissement du meilleur de soi-même, il convient de travailler les trois conditions que la psychologue Sally Reis a posées comme déterminantes dans le processus de construction d'un projet personnel, professionnel ou affectif, pour les hommes HP comme pour les femmes HP : la notion de soi, l'estime de soi et le sens du destin ou du but de sa vie.

Pour ma part, je ne peux que souligner l'importance de la prise de risque pour se connaître et se reconnaître. L'échec est salutaire pour évaluer ses limites, par notre capacité à nous relever, il consolide la confiance et l'estime de soi, primordiales pour entamer une relation amoureuse honnête et enrichissante. Mais tout cela passe d'abord par une reprise de contact avec le vrai soi.

Prendre des risques enfin, c'est aussi accepter de risquer de trahir ceux qui jusque-là recevaient ce qu'ils attendaient de vous ; c'est donc s'exposer à les perdre. Mais perd-on grand-chose en se séparant de l'homme ou de la femme qui n'aimait pas notre vraie personnalité ? Qui aimait un avatar de nous-même ?

Enfin, le faux self adopté par un surdoué pour se faire accepter et aimer d'un partenaire a une autre conséquence, tout aussi mortifère pour eux : la négation de leurs talents réels, de leurs dons qui les rendent si uniques et précieux pour leur entourage et, quand ils les concrétisent, pour la société tout entière. Or, de peur de déplaire, ils les enfouissent, selon le principe que moins on se fait remarquer, mieux on est accepté. On devient alors ce fonctionnaire soumis et gris, triste et fidèle qui s'éteint chaque soir un peu plus devant son téléviseur, ou cette mère de famille parfaite et transparente dont le conjoint finit par oublier jusqu'à la couleur des yeux.

Les pervers narcissiques

Rien de plus éloigné, pensera-t-on de prime abord, des surdoués que les pervers narcissiques.

Or dans les faits, la psychologue clinicienne que je suis n'a pu que remarquer l'absolu contraire : rien n'attire plus un pervers narcissique qu'un surdoué.

C'est qu'être surdoué ne dote pas d'une capacité à éviter cette espèce redoutable : c'est l'inverse. Autant le savoir et s'en prémunir en toute connaissance de cause, *en toute lucidité*. Être surdoué vous place tellement plus haut que les pervers narcissiques qu'il est difficile de voir venir ceux-ci. On ne reconnaît de prime abord que ce que l'on estime normal, et qui baigne le fond de sa vie. Tout le problème vient de cette faille. À l'inverse, les pervers narcissiques savent d'emblée distinguer les failles ou les embouchures par où s'introduire avec leur fort potentiel de toxicité.

Le fond de l'histoire tient comme presque toujours aux besoins affectifs. Le surdoué est un être surdéveloppé sur le plan émotionnel, que ce soit sur un mode passif (il aime être aimé) ou sur un mode actif (il veut se rendre aimable, et aide volontiers autrui). Autant le dire, le contraire du pervers narcissique, empiégé dans ses représentations régressives, incapable de se projeter hors de sa scène mentale, seulement désireux de ramener autrui à lui, pour l'y faire jouer un rôle dans sa mise en scène toute personnelle, hors de toute autre considération. Autant la surdouée est dans l'empathie, la sympathie ou la compassion, autant le pervers narcissique n'a pour passion que lui-même, sur un mode totalement fermé. On pourrait l'en plaindre : être condamné à être enfermé renvoie aux équivalences lexicales entre « enfermement » et « enfer ». Mais il s'agit aussi de se considérer comme sa meilleure amie, et de se répéter toutes les mises en garde : avant de sauver autrui, *il s'agit de se sauver soi-même d'autrui, si celui-ci vient à abuser de vous, en vous ramenant à lui, au lieu de s'ouvrir à vous, selon ce que vous êtes, dans le partage*.

La surdouée veut l'amour, mais encore faut-il s'entendre sur ce terme. S'agit-il d'échange, de partage ou de leur illusion ? Au fond de soi, on le sait toujours. Et sinon la première fois, ni peut-être la deuxième, du moins la troisième. On le sait à ce signe : la tristesse. C'est-à-dire le contraire du vrai de l'amour, qui ne donne pas de tristesse, mais la transcende, par la joie. « Le règne de Vénus est un règne joyeux », fait chanter Offenbach dans *La Belle Hélène*. Cela ne signifie pas qu'il n'existe pas mille nuances à ce sentiment ; du moins si la densité de joie n'excède pas la quantité de malheur, méfiance !

Le pervers narcissique, le plus souvent, après avoir décelé ce besoin d'être aimé et d'aimer, en profite pour mettre à mal le cœur d'autrui. Son triomphe est de s'en rendre maître, en alternant le chaud et le froid, les hauts et les bas, et cela de manière très étudiée. Vous tient-il au plus près de lui qu'il fait mine de vous quitter ; et si vous voulez le quitter, il vous menace de ne pas y survivre ! Comédie dans tous les cas ! Ses effets de style ne visent qu'à vous manipuler, alors que dans une relation apaisée, ces jeux n'ont pas lieu d'être, ou du moins ils ne se répètent pas fréquemment. Gardez en tête cette injonction. Une relation de couple saine, solide, se construit sur d'autres fondations : la sécurité, la confiance, l'harmonie et le fait que le « oui » de chacun doit être « oui », comme le « non » de chacun doit être un « non ». Autant de principes étrangers au pervers narcissique, à mille lieues de la recette magique du bonheur à deux, donnée par Rimbaud :

C'est le repos éclairé, ni fièvre ni langueur, sur le lit ou sur le pré.
C'est l'ami ni ardent ni faible. L'ami.
C'est l'aimée ni tourmentante ni tourmentée. L'aimée.
L'air et le monde point cherchés. La vie.
– Était-ce donc ceci ?
– Et le rêve fraîchit.

Rimbaud a raison : *c'est ceci*. Rien d'aussi extraordinaire que ce que le pervers narcissique vient flatter : vous sachant différente, et supérieure, il n'aura de cesse d'exploiter ce point, et de vous faire monter au plus haut, pour mieux vous précipiter au plus bas et recommencer infiniment. Dans un premier temps, vous ne pourrez qu'interpréter cette attitude que comme un signe qu'il vous a comprise – certes, mais dans un sens tout différent de celui du vrai de l'amour. Car si vous êtes différente, c'est uniquement pour viser le meilleur, pas pour vous complaire devant le pire !

Pas plus que vous ne pourrez changer le pervers narcissique, n'espérez changer pour lui, ou alors c'est que vous serez entrée dans son jeu : il aura tôt fait de vous détruire, et de partir à la recherche d'autres proies, ou de continuer son jeu jusqu'à ce que vous n'en puissiez plus, dans l'étouffement. Tout ce que vous êtes de meilleur, il cherchera dans un premier temps à vous en renvoyer l'image grossie, puis, dès lors que vous aurez eu le sentiment que vous êtes comprise, il inversera cette image, pour exploiter ces qualités et faire que des qualités deviennent des défauts : votre gentillesse, il l'exploitera comme une faiblesse. Votre attention, il l'épuisera, et ne s'intéressera plus à vous pour que vous redoubliez d'attention à son égard. Ce sont des classiques.

Alors que vous pensiez avoir trouvé l'âme sœur, redoublera le sentiment premier qui vous a jeté dans les bras du pervers narcissique : l'impression démultipliée de la solitude. Avec le pire des sentiments : celui d'avoir vu s'écrouler quelque chose que vous pensiez avoir construit, quand, dès l'origine, c'était le but du pervers narcissique, soit pour se rendre indispensable, soit pour vous briser. Faire l'épreuve de la solitude à deux, ou à cause d'autrui, quelle terreur ! Elle est pire que d'être seul – du moins, n'est-on pas nié…

De fait, tout tient au déséquilibre dans lequel le pervers narcissique cherche à entraîner sa proie : en lui faisant croire qu'il la comprend mieux que quiconque, et mieux qu'elle-même, pour mieux la renvoyer à son sentiment d'une incompréhension générale qui n'est pas le fait de la surdouée, mais seulement de ce qu'elle a placé le meilleur de sa confiance dans une personne sans intérêt.

Les paroles perverses

Elles sont une arme redoutable contre le surdoué dans la relation amoureuse, car quelles que soient l'immense intelligence de ce dernier et sa finesse conceptuelle, cet art inversé de manier le langage pour manipuler l'autre et le réduire à sa merci, l'amener dans un état de trouble et de confusion, échappe totalement (en général) au surdoué.

Elles instaurent une forme de violence intime et subtile contre laquelle le surdoué est tout à fait démuni. Il en est d'autant plus affecté dans ses relations conjugales, avec un adulte lambda, que ces paroles perverses sont des méthodes de manipulation ou de soumission très répandues dans les couples traditionnels. C'est que l'amour et la séduction ont créé dans le couple une emprise de l'un sur l'autre, et la parole, bénéfique ou destructrice, sert de balancier pour compenser les déséquilibres affectifs ou les changements d'humeur entre les deux. On flatte et on réconforte à coups de déclarations d'amour, et on pique ou on se venge à coups de paroles insidieuses.

Pour que ces paroles atteignent leur cible, il faut que celui qui va les recevoir se soit rendu totalement vulnérable par la confiance pleine et entière qu'il a accordée à son partenaire. Or, dans son couple, une fois qu'il s'est ouvert à l'autre, le surdoué a tendance à se donner entièrement, et à faire totalement confiance à son partenaire. Quand il aime, quand il a des relations sexuelles avec l'être qu'il a choisi, le surdoué estime qu'il a établi un contrat de confiance, qu'il peut se fier entièrement à lui, et de fait, que l'autre lui est entièrement loyal. Il devient ainsi manipulable, par le seul langage.

À force de sous-entendus – quoiqu'il ait de l'humour et qu'il puisse être caustique, le sens de la justice et de la vérité qui anime le surdoué le rend hermétique à l'art du sous-entendu. Le désir de vouloir changer le surdoué, de le ramener à son niveau, voire de le décrédibiliser, est une excellente raison pour utiliser un langage pervers. Le psychiatre Robert Neuberger a largement exposé le détail de ces paroles perverses[1]. Ce qui nous intéresse dans le cas des adultes surdoués est l'effet déstabilisateur qu'elles peuvent exercer sur lui, dans le huis clos de son couple. Il peut se retrouver stigmatisé dans sa différence, et paralysé dans ses ripostes car il n'en comprend pas les ressorts, tant ceux-ci sont étrangers à son être.

À cause de cela, il est difficile à l'adulte surdoué de « déceler que quelque chose d'anormal est intervenu dans les échanges avec son partenaire » (Robert Neuberger). Et les manipulations qu'elles engendrent peuvent ne pas être perçues comme telles « à cause de l'aveuglement provoqué par la confiance accordée au couple » et de la prétendue loyauté du partenaire, en laquelle le surdoué croit avec tout l'élan de son amour.

11

La rupture

« Voici des fruits, des fleurs,
des feuilles et des branches
Et puis voici mon cœur qui ne bat
que pour vous.
Ne le déchirez pas
avec vos deux mains blanches
Et qu'à vos yeux si beaux
l'humble présent soit doux. »

Paul Verlaine, « Green ».

La rupture amoureuse

Voici un point crucial, décisif (mais non final !), dans la vie sentimentale de tout un chacun : la rupture amoureuse. Qui n'a jamais eu à endurer ce moment ? Qu'on soit bourreau ou victime, ce passage est douloureux. On craint le moment où on devra s'expliquer, blesser l'autre, on le fuit. D'autant plus que celui avec qui on rompt ne sera pas disposé à tout entendre ou à accepter la réalité. Pour celui qui subit le rejet, le choc est souvent violent et le deuil long, mais tout dépend de la manière dont s'est passée la rupture. Les personnes à HP ne font pas exception à cette règle.

Dans le courrier que je reçois, on me demande souvent si la douance expose en amour à davantage de souffrance et au rejet. Je ne l'ai pas observé. Si les surdoués qui passent la porte de mon cabinet rencontrent souvent des difficultés à trouver l'âme sœur, ils ne jouent pas systématiquement le rôle du laissé-pour-compte. Quand ils se trouvent dans cette position, je remarque qu'ils parviennent plus facilement à pardonner que la moyenne des gens, à envisager la situation sous différents angles et à la dépasser. La pensée dite arborescente leur est, dans ce cas, d'un grand secours, même si un temps de deuil est nécessaire. En revanche, victimes ou bourreaux, tous minimisent les conséquences du point final mis à une relation.

Comme l'a démontré le Prix Nobel Daniel Kahneman dans ses recherches sur les biais cognitifs, le ressenti à la fin d'une expérience, quelle qu'elle soit, détermine le souvenir que nous en aurons. Nous jugeons une expérience malheureuse si elle se termine mal et ce malgré les bons moments qui l'ont jalonnée. Si le souvenir est mauvais, nous répugnerons à y revenir en pensée, paralysant ainsi nos procédés d'apprentissage. Autrement dit, si nous voulons tirer parti d'une relation, dût-elle se terminer, il faut en soigner la fin.

Rien n'est plus délicat quand il s'agit d'amour.

Je me rappelle le cas d'une patiente de 35 ans, très jolie et brillante, surdouée, qui était venue me consulter parce qu'elle se croyait inapte à la vie de couple. Nous avons abordé le thème de la rupture parce qu'elle venait de se séparer d'un homme qu'elle admirait et avec qui elle projetait une vie de famille :

Il devait partir pour les États-Unis, je ne me voyais pas évoluer là-bas. Se posait la question, à un moment donné, de ma vie professionnelle. Je ne suis pas prête à compromettre ma carrière, je l'avoue. Comme lui non plus, cela ne menait nulle part. [...] Je suis peut-être trop égoïste, à moins que je ne sois incapable de compromis. Avec le temps, je me dis que ne pas avoir d'enfants n'est pas si grave. J'ai des neveux à qui donner beaucoup d'amour.

Sandra, je l'appellerai ainsi, était soudain prête à envisager une rupture presque sans états d'âme, et à enterrer définitivement sa vie sentimentale. Ce n'était pas le fait de cette séparation qui la retenait encore, ni la douleur qu'elle allait infliger à son compagnon, mais la longue chaîne de déceptions amoureuses qu'elle traînait depuis la fin de l'adolescence, où remontait sa plus longue relation.

Je suis restée quatre ans avec Robin, ce qui est long quand on a la vingtaine à peine passée. C'était une relation physiquement fusionnelle, nous aimions danser, faire l'amour... Et puis je me suis réveillée un matin en me demandant ce que je faisais avec ce garçon parce que, au fond, je m'ennuyais terriblement avec lui. Je n'allais pas passer ma vie à faire l'amour dès que les idées bouillonnaient dans ma tête. Ça m'a d'abord paru très soudain comme réveil. Puis, je me suis rendu compte qu'il y avait eu quelques signes annonciateurs. Je supportais de moins en moins son odeur, ou plutôt l'odeur qui collait à ses vêtements et qui venait de l'appartement dans lequel il vivait avec son frère et ses parents. Quand il a emménagé dans son studio, l'aider à déballer les cartons m'avait ulcérée, j'avais mille choses à faire, mille fois plus passionnantes... Je n'ai pas compris qu'il m'impose ces tâches matérielles. Je lui ai annoncé que je ne l'aimais plus. Robin n'a pas compris ; il n'a pas eu le temps de sentir nos rapports se détériorer. Il m'a suppliée et je me suis mise à le détester avec une rage qui m'a fait peur. J'avais l'impression physique qu'il voulait m'emprisonner. Et je l'ai détesté pour m'avoir forcée à le détester au point d'être sèche et dure, à enfoncer le clou. Il a été ma plus longue relation et je n'en ai aucun regret. Je ne repense à cette vie à deux, à tout ce temps perdu, qu'avec dégoût.

À la suite de cette rupture, Sandra avait décidé d'être exigeante dans ses choix de partenaires et de ne pas faire durer une relation qu'elle jugeait sans avenir. Elle s'était, disait-elle, endurcie. Elle ne voulait pas avoir à revivre le traumatisme d'une rupture et le sentiment de culpabilité et de dégoût qui l'avait par la suite submergée. Mais elle dut reconnaître que cette expérience lui avait permis d'apprendre ce qu'elle attendait d'une relation amoureuse, et qu'elle ne devait pas confondre l'amour et le désir sexuel. Comme beaucoup de surdouées, elle s'était engouffrée dans cette relation avec un enthousiasme né de son idéalisme et de son désir d'absolu.

Comment la rupture sentimentale peut nous aider à grandir

Une rupture n'est pas un sujet léger ou anodin. Si on la considère d'un point de vue anthropologique, elle intervient dans la recherche d'un partenaire convenable pour se reproduire. La capacité à en tirer parti est primordiale pour la survie de l'espèce. Une étude menée par l'anthropologue américaine Helen Fischer a démontré, imagerie cérébrale à l'appui, quelque chose d'étonnant. L'équipe de recherche a observé les réactions de personnes ayant récemment été rejetées par l'élu de leur cœur. Voir la photo de leur « bourreau » activait la région du lobe frontal qui traite non des émotions, mais des pertes et des gains de nos expériences, preuve que les sujets cherchaient à comprendre ce qui avait pu mal se passer, et remettait en question leur choix de partenaire.

La rupture répond donc à un processus d'apprentissage ancré en nous, elle participe pleinement d'une éducation sentimentale qui importe autant à notre équilibre qu'une éducation intellectuelle. Pour apprendre d'elle, encore faut-il connaître les facteurs qui l'ont provoquée. Il ne s'agit pas tant des raisons qui ont poussé au désamour. Pourquoi cesse-t-on d'aimer quelqu'un ? Cela peut être complexe et difficile à percevoir pour celui qui rompt. En revanche, les raisons qui font prendre la décision de cesser une relation sont plus évidentes à détecter. Il y a souvent un événement déclencheur, une rencontre – dans le cas cité plus haut, un incident, une dispute, un deuil… qu'il ne faut pas hésiter à faire connaître au partenaire quitté. Ce dernier aura besoin, pour ne pas basculer du côté des éclopés sentimentaux, d'avoir le maximum d'éléments de compréhension afin de cicatriser et d'évoluer d'ici à sa prochaine relation. Cela est valable pour tout un chacun.

J'ai dit plus haut que le surdoué me paraissait mieux apte à rebondir après une déconvenue amoureuse qu'une personne au QI moyen. La pensée arborescente, à l'origine d'une faculté créatrice, de la prise de risque, rend le surdoué capable de résilience. Envisager un problème de différentes manières, en changeant son angle de vue, ce que fait naturellement le surdoué, écourte la convalescence.

Une étude menée par la psychologue Lauren Howe à l'université de Stanford a d'ailleurs conclu que les personnes souffrant le moins d'une rupture amoureuse étaient celles qui l'envisageaient comme une occasion de grandir. Cela se produit chez la personne HP si celle-ci ne souffre pas d'une absence de confiance en elle. Encore faut-il aussi que la rupture ait été bien menée (qu'il y ait suffisamment d'arguments pour se détacher de l'ancien partenaire) ou qu'elle ait même eu lieu.

Il se peut néanmoins que la rupture soit provoquée par le partenaire pour des raisons inhérentes à la douance. Hormis la blessure narcissique habituelle, ce motif aura un effet secondaire redoutable – amener le surdoué, homme ou femme, à se draper dans sa différence et à multiplier chez lui les conduites d'évitement. L'affirmation de soi, ce mécanisme par lequel on peut dire ou non, sera souvent renforcée. Or, chez les adultes HP, l'affirmation de soi est souvent problématique en ce qu'elle contribue à alimenter le stéréotype (faux) selon lequel l'homme, et plus encore la femme HP sont arrogants et sectaires. Victime d'une rupture, le surdoué risque souvent de surcompenser sa douleur en radicalisant son décalage. Plutôt que de moduler l'intensité de ses propos et de comprendre que son caractère entier, la passion qu'il met dans ce qu'il fait, peuvent donner l'impression de dévaloriser l'autre, il en redoublera. Il pourra même s'opposer aux autres à l'excès. Il lui faudra alors gérer au mieux le sentiment de solitude et d'isolement qui succède à la rupture.

À côté de la rupture évitée existe la rupture non consommée ou mal assumée. Là aussi, comme je l'ai évoqué dans le chapitre consacré à la rencontre, les médias compliquent le processus de deuil et particulièrement pour les surdoués, enclins à une extrême empathie et à la submersion de l'esprit sous le flot des émotions et des souvenirs Il s'agit cette fois du cas de séparation d'un couple établi, comme l'a vécue l'une de mes patientes, Hélène, jeune femme à haut potentiel intellectuel. Son compagnon, Joshua, rompt au bout de trois ans de vie commune, quand elle lui demande un enfant. La passion et la fusion de leurs débuts se sont évanouies et, même s'ils s'entendent bien, Joshua s'estime trop jeune pour s'installer définitivement dans cette relation, s'engager à vie au point d'avoir un enfant. Joshua est enfant de divorcés. Il explique ses refus à Hélène en lui racontant qu'il a compris très jeune l'échec du couple de ses parents. Le divorce en était l'issue la plus souhaitable. Il le savait depuis ses 6 ans, mais il n'en a pas moins rêvé que papa épouse maman.

La rupture est un choc pour Hélène qui s'était projetée avec lui. Par malheur, elle apprend qu'elle est enceinte la semaine suivant leur séparation. Elle lui annonce cette grossesse, lui en est glacé. Elle avorte dans des pleurs et coupe tout lien avec Joshua. Elle me consulte à ce moment.

Le deuil d'Hélène – de l'enfant désiré puis refusé, de cette relation, des projets secrètement élaborés et entretenus en son for intime – sera spécialement long et douloureux, et particulièrement du fait que Joshua aura repris contact de lui-même un mois après ces événements par SMS, où il demandait à la voir… pour s'assurer qu'elle allait bien et lui présenter ses excuses. Hélène classe son numéro de son téléphone dans la liste des indésirables mais replonge dans la douleur de son avortement qu'elle vit comme un échec fondamental, et dont elle se sent terriblement coupable, son sens de l'éthique, de la justice si puissant chez l'être surdoué qu'elle est se rappelant à elle.

Pour se sortir de cette spirale de chagrins et d'effrois, que sa capacité à la résilience ne parvenait pas à subsumer,

Hélène prendra la décision de sortir des réseaux sociaux Joshua qui apparaissait sporadiquement, sur les photos des groupes d'amis qu'ils avaient en commun. Ce fut uniquement à cette condition, loin de ces « piqûres de rappel », qu'Hélène parvint à cicatriser sa blessure.

Le cas d'Hélène et toute mon expérience de clinicienne m'ont enseigné qu'une rupture nette et expliquée est essentielle pour que le surdoué puisse jouer de sa résilience, et se rétablir de façon à renouer avec une vie sentimentale saine et optimiste.

Par ailleurs, lorsqu'ils décident de rompre, ou lorsqu'ils accueillent la nouvelle de la séparation, les adultes HP, en l'absence d'une empathie, d'un langage et d'un raisonnement communs aux individus lambda, ont tendance à aggraver les ambiguïtés, soit dans les raisons qu'ils reçoivent et n'entendent pas au diapason de ce qu'il leur est dit, soit dans celles qu'ils donnent – parfois un peu abruptement.

Ils doivent garder en mémoire que rares sont les couples qui se séparent d'un commun accord : s'il y avait communion, il n'y aurait pas désunion. C'est pourquoi la rupture effraie, c'est pourquoi les gens fuient de plus en plus les circonstances qui leur feront embrasser pleinement leurs responsabilités, et endosser le chagrin voire le désespoir de celui/celle qu'ils quittent. Un spectacle atroce pour le surdoué, qui risque souvent de revenir sur sa décision, et de s'enferrer dans une relation néfaste pour lui. J'ai vu, dans mon cabinet, passer beaucoup d'hommes et de femmes HP, constater le désastre de leur couple, et avouer leur faiblesse « coupable » quand il s'était agi de rompre, à cause de l'horreur de blesser celui ou celle qu'ils avaient en face d'eux au moment choisi de la rupture. Il faut se dire qu'on ne peut pas être celui qui assène le coup de couteau et celui qui cautérise la plaie.

Pour éviter ce danger, et minimiser la souffrance, il convient de préparer l'entrevue à l'avance.

Avant de commencer la conversation, établissez clairement les raisons qui vous poussent à rompre. Y a-t-il des incompatibilités de fond entre vous (valeurs, habitudes...) ? Faites très attention à la manière dont vous formulerez les problèmes insolubles de votre couple. Ne parlez pas de votre douance, vous risquez d'être mal compris et de prolonger inutilement la discussion. Soyez factuel et honnête. Si vous avez trompé la personne, dites-le. Surtout évitez la critique, mais n'essayez pas non plus d'atténuer la douleur de votre partenaire, ou sa colère, en reportant toute la faute sur vous.

Organisez la rupture.

Elle doit avoir lieu en face à face. Choisissez un lieu public convenable qui permette à votre partenaire de contenir ses émotions. Si possible demandez à un ami de se faire l'intercesseur : assurez-vous que la personne vienne au rendez-vous et puisse être soutenue à son issue.

Faites preuve d'empathie pour commencer.

Si vous êtes le bourreau, si par extraordinaire la résilience vous a déjà fait passer le cap de la séparation, et même si votre intelligence a fondé les motifs de la rupture sur des arguments solides, objectifs, raisonnables et que vous êtes convaincu que ce ne pourra être qu'un bien pour l'un comme pour l'autre – vous comme votre partenaire –, manifestez votre empathie naturelle. Montrez-lui que vous restez sensible à ce qu'il/elle ressent. Mettez-vous à sa place. Les raisons qui font cesser d'aimer, qui rendent un être mal aimable sont rudes à entendre. Allez-y en douceur, dites que vous supposez que l'autre a ressenti la relation se détériorer.

Reconnaissez les qualités de celui que vous avez aimé.
Rappelez-lui tout ce que vous avez admiré et respecté chez lui. Soulignez par la suite que, quoique vos sentiments ne soient plus les mêmes, votre admiration lui reste acquise.

Expliquez-vous.
Ce n'est pas votre talent le plus remarquable, de parler calmement en gardant une idée à la fois. Mais expliquez simplement pourquoi votre relation ne vous convient plus. Annoncez ce qui vous a fait prendre cette décision, même s'il y a de grands risques pour que vos raisons restent incompréhensibles pour votre partenaire. Mentionnez les efforts que vous aurez pu faire pour arranger les choses, faire entendre à votre partenaire ce qui n'allait pas non pas pour vous déculpabiliser, mais pour lui faire comprendre que vous couriez à la catastrophe et qu'il n'y a pas de compromission possible.

Soyez à l'écoute.
Ce n'est pas non plus votre fort, surtout lorsque vous avez déjà tout compris et que votre intuition naturelle, ce don de lire les pensées d'autrui, vous permet de deviner le reste. Pour une fois, matez absolument votre impatience. Laissez l'autre parler aussi longtemps qu'il en aura besoin et écoutez-le. Enfin, si vous êtes victime de cette rupture, demandez à votre partenaire ce que vous auriez pu faire pour éviter la

détérioration de la relation – ses observations vous aideront à éviter un nouvel échec avec votre future relation.

Si le face-à-face est impossible.

Si l'entrevue se déroule mal, que vous ne puissiez pas vous expliquer, ou si elle n'a pas lieu, écrivez. Si vous êtes victime, vous pouvez faire votre deuil en réfléchissant calmement sur le déroulé de votre relation et les conditions, ou les événements, ou les malentendus qui y ont mis un terme. Enfin, si celui/celle qui vous inflige une rupture se défile au moment de s'en expliquer, retenez bien que vous aviez choisi quelqu'un qui manque de maturité et de courage, ce qui induit généralement de grandes difficultés dans une relation avec un adulte HP.

Enfin, lorsque la rupture est consommée, coupez tous les ponts.

Si vous êtes le bourreau, vous vous mettrez à l'abri des manipulations et des chantages affectifs auxquels vous êtes particulièrement sensible, et très exposé. Si vous êtes la victime, vous donnerez à votre résilience toute latitude pour se mettre en jeu, afin de vous extraire des abysses de douleur et de dépression existentielle dans lesquels une rupture a le pouvoir de vous jeter. Et parfois, pour certains, de façon fatale.

Les ruptures en amitié

Les ruptures amoureuses laissent souvent des cicatrices terribles. Et bien qu'Oscar Wilde ait pu dire que l'amitié l'emportait sur l'amour par sa durée, les meilleures amitiés, même longues de plusieurs âges, ont parfois une fin.

On en parle certes moins que des ruptures amoureuses, et ce pour différentes raisons, bonnes et moins bonnes. Les séparations sont souvent synonymes de déménagements, de conflits au sujet de la garde des enfants, etc. De même, puisque être en relation avec quelqu'un est un puissant marqueur social, la séparation fait souvent figure d'événement majeur pour l'entourage, même à notre époque où les rapports amoureux semblent plus volatils et plus libres.

Pour autant, on aurait tort de penser que les ruptures amicales ne puissent pas causer autant de douleur et de chagrin, surtout chez les adultes surdoués, qui s'investissent puissamment dans ce type de relation. C'est que la désagrégation de ce lien les ébranle dans leur intimité et peut s'avérer très douloureuse. Elles laissent, elles aussi, un vide affectif très difficile à combler dans la vie des surdoués, qui ont tant de difficulté à contracter des amitiés et des relations affectives aussi fortes et solides qu'ils les espèrent.

Pourquoi leurs amitiés cessent-elles ? Quels événements peuvent provoquer l'éloignement, parfois brutal, de deux êtres souvent aussi ardents à communiquer, à partager leurs émotions et leurs enthousiasmes, après de longues années de confidences, de rires et d'émulation ? Et quel apprentissage peuvent-ils néanmoins retirer de cette difficile expérience ? Faut-il apprendre à faire le deuil non pas d'une personne, mais plutôt d'une relation révolue ?

Une rupture amicale, et notamment dans une relation fusionnelle comme savent les inspirer les adultes HP, est l'occasion de réfléchir sur soi, et sur la nature et le caractère de ses relations affectives car il ne peut être question que de cela : au contraire d'une relation amoureuse où les relations sexuelles, le désir et la jalousie influencent, construisent ou détruisent la relation, l'amitié repose sur un libre choix selon la merveilleuse formule de Montaigne : « Parce que c'était lui, parce que c'était moi. »

C'est à partir de cette rupture – qu'elle ait lieu avec un ami surdoué comme soi-même ou avec un individu lambda – que les surdoués pourront apprendre à parler le langage des autres. Ils pourront réfléchir à comment adapter leur intelligence relationnelle aux objets dignes d'empathie, aux attentes, aux désirs et aux vues des autres ; ils s'évertueront de faire, à leur tour, un effort de compréhension et d'entente, tout comme on apprend la langue du pays dans lequel on va vivre quelques années.

J'ai évoqué la formidable capacité de résilience des surdoués en matière de rupture amoureuse. Je ciblais par là le ressaisissement dont l'adulte HP est capable *après* la rupture. Pour autant, en amitié, rompre reste à leurs yeux une hypothèse douloureuse, à laquelle ils répugnent, et ils peuvent avoir tendance à entretenir des relations prétendument amicales dont le support a disparu depuis longtemps – une habitude de jeux née dans l'enfance, la pratique d'un sport ou d'une activité qui n'intéresse plus ni l'un ni l'autre, même si les deux chemins se sont considérablement écartés. Il se peut aussi que cette amitié soit devenue toxique, à cause du déséquilibre qu'elle induit – attention là encore aux pervers narcissiques, qui ne sévissent pas uniquement dans le domaine amoureux ! L'ami peut s'être mis, au cours du temps, à profiter de la propension naturelle du surdoué à se dévouer corps et âme, à se mettre à son service, à prévenir ses moindres désirs quand il traverse une période mouvementée – un examen, un séjour à l'hôpital, un déménagement… sans oublier son empathie exceptionnelle qui fait de lui l'inépuisable confident et l'infatigable consolateur.

Est-il raisonnable, pour son propre équilibre, de chercher à entretenir un rapport que le surdoué sent battre de l'aile ? Et si l'ami s'est éloigné, a tourné le dos, faut-il le retrouver coûte que coûte, sous prétexte que, comme chaque histoire d'amour est unique, certaines amitiés, profondes, le sont tout autant ?

Dire adieu à un ami est une déchirure, mais tenter de maintenir un lien qui d'évidence bat de l'aile fait en réalité plus de mal que de bien, notamment si la relation est devenue déséquilibrée au point que le surdoué, avec l'idéalisme et le sens de la perfection qui le caractérisent, est devenu le seul à faire des efforts dans cette relation. Il est alors grand temps de cesser de vouloir fréquenter un ami dont l'absence et les manquements provoquent une frustration, et là encore, une blessure narcissique. Même si le sentiment de rejet est douloureux, surtout par celui ou celle que le surdoué considère être la personne la plus proche de lui, essayer de forcer l'amitié ne donnera rien d'autre qu'un sentiment de faiblesse, d'humiliation, et le retour des doutes et de l'auto-dénigrement. Car d'une façon générale, et particulièrement pour les adultes à haut potentiel, vouloir rester avec quelqu'un qui ne désire plus votre compagnie est très néfaste pour l'estime de soi et son équilibre mental.

12

Réussir son couple

Existe-t-il des recettes pour réussir son couple, à l'usage des adultes à haut potentiel ?

Il n'existe aucune recette miracle, bien sûr. Nous sommes là dans le domaine de l'intime, si fragile et si secret, et qui se complique des relations de chacun avec son corps, de la plus ou moins grande appétence sexuelle, des mécanismes personnels du désir et de la jouissance, que rien ni personne ne peut théoriser ni tenter de comprendre au travers de grilles de lecture scientifiques. Par ailleurs, la personnalité de chacun joue sa part dans les échanges, comme son vécu et tout autant l'éducation et le milieu social.

Pour autant, certaines précautions, certaines vigilances permettront aux surdoués d'éviter de foncer dans les pièges où les caractéristiques de leur surdon les entraînent souvent, et à leurs partenaires qui ne le sont pas, de comprendre et de s'adapter à ce qui peut les heurter, ou leur sembler problématique dans leur vie quotidienne avec un surdoué.

Conseils à l'usage des surdoués

N'attendez pas tout d'une seule personne de votre entourage. Segmentez vos attentes. Votre compagnon ou votre compagne ne pourra pas être tout à la fois votre conseiller(ère), votre ami(e), votre partenaire sexuel(le), votre associé(e), votre protecteur(rice), sauf si par miracle vous trouvez la moitié qui vous était destinée. Vous composerez alors l'un de ces couples exemplaires et fusionnels, et votre partenaire sera tout cela en une seule personne.

Connaissez-vous vous-mêmes. Si vous avez des doutes à propos de votre douance, n'hésitez pas à faire les tests nécessaires à l'établissement du diagnostic. Savoir que vous êtes un ou une adulte à haut potentiel résoudra beaucoup de questions que vous pouviez vous poser, expliquera beaucoup d'événements dans votre vie et certaines de vos réactions, ou celles de votre entourage. Enfin, cela vous épargnera beaucoup de malentendus. Vous pourrez expliquer certains éléments de votre personnalité à votre partenaire, si vous envisagez une relation suivie avec lui. La vie en couple peut se passer sans heurts, dans l'harmonie dès que son partenaire, qu'il soit surdoué ou pas, vous comprend, et que vous connaîtrez vos propres réactions. Expliquer ses comportements, les anticiper aplanit beaucoup d'écueils.

Si la vie à deux vous paraît insurmontable, n'acceptez pas de vous installer avec votre partenaire, que vous aimez, pour lui faire plaisir. Cela n'induira que culpabilité et ressentiment, un cocktail explosif pour le couple. Tentez de trouver une solution médiane. Vous pouvez tenter l'expérience pendant un laps de temps délimité d'avance – à son terme, vous saurez de façon certaine si votre intuition était la bonne, et que le partage d'un toit s'avère destructeur pour vous, et ennemi de vos échanges amoureux.

Apprenez à vous regarder comme un couple – à considérer le couple que vous formez comme une personne à part entière, et demandez-vous toujours si vous aimez ce couple, et pourquoi vous l'aimez. Il y a toujours mille choses à améliorer : un amour se travaille comme un jardin, ou un bon vin.

Rappelez-vous que la parole n'est pas le seul moyen de communication dans le couple, et en famille. Et que parler beaucoup n'est pas toujours synonyme de bien communiquer. Si vous avez des difficultés à exprimer vos ressentis, vos émotions selon le langage de votre moitié, dites-lui les sentiments qu'il/elle vous inspire autrement. Avec votre corps, avec vos regards, avec vos sourires. Lorsque je reçois des partenaires de surdoués, l'une des plaintes récurrentes est cette absence de paroles et de réponses, ou d'avalanche de paroles sans rapport avec l'instant de la relation. « Il/elle ne dit rien. Il/elle ne m'entend pas. Il/elle me répond qu'il s'est déjà exprimé sur le sujet et qu'il ne comprend pas que je veuille y revenir, obtenir des éclaircissements et des explications. Il/elle se met à aborder un sujet sans rapport aucun avec ce que je suis en train de faire, et qui m'absorbe. »

Par ailleurs, il s'agit aussi de trouver un bon équilibre entre les silences et les conversations amoureuses. L'érotisme, pour être préservé, a besoin d'une petite part de mystère.

Rappelez-vous que votre partenaire, s'il n'est pas surdoué comme vous, ne maîtrise pas aussi bien que vous le sens des mots. Il peut employer des expressions qui ne sont pas exactement adéquates à la situation, à ce qu'il veut vous dire. Votre extrême sensibilité, traduite par une extrême susceptibilité, peut prendre ombrage de ce qu'il/elle vous dit, peut-être parfois dans un moment d'énervement que vous êtes prompt à interpréter.

Au moment d'une rencontre, gardez en tête ce que vous attendez de votre couple et de votre partenaire, ce que vous voulez en priorité. Ne vous leurrez pas par crainte de la solitude. Je me rappelle toujours le témoignage de Gisèle, 47 ans, HP, parfaitement épanouie par son succès professionnel, boulimique de travail et qui courait pourtant d'échec en désillusion : « Je ne parviens pas à faire mon deuil d'être seule. » À 40 ans, Jacques n'a pas cessé, lui non plus, d'enchaîner les échecs. « Mes partenaires me plaisaient physiquement et je voulais à tout prix que ça marche. Mais j'étais incapable de m'avouer, et de lui dire : “Tu ne m'intéresses pas. Ce qui t'intéresse ne m'intéresse pas.” » Le rechercher, et l'obtenir, est la clé d'un mariage réussi pour un surdoué. Vous qui avez en général de grandes difficultés à faire des concessions, c'est le moment de n'en consentir aucune sur le fond. Les compromis pourront être envisagés plus tard, une fois l'entente établie sans malentendus de part et d'autre.

Apprenez à percevoir ce qui vous pousse à nouer une relation amoureuse. Dans leur extrême solitude et le désarroi de leur différence, les surdoués, surtout lorsqu'ils s'installent dans l'âge adulte, attendent de la rencontre avec l'homme ou la femme de leur vie qu'elle résolve leur solitude, aplanisse leur différence et évacue toutes leurs souffrances. On m'objectera sans doute que c'est le cas de beaucoup d'individus, on aurait tort de croire que cette confusion atteint le stade qui menace les surdoués. Beaucoup nourrissent l'illusion qu'ils pourront être en même temps compris, aimés, acceptés et respectés, mais aussi que leur relation amoureuse, si elle est heureuse, les rendra enfin à la norme, à leurs yeux comme au regard de la société. Il est rare qu'ils soient conscients de ce manque de discernement entre les effets et les fins ; une large majorité de mes patients peuvent même confondre un échec sentimental avec leur échec général à s'intégrer enfin dans la masse et à s'y fondre.

Repérez et évitez les prédateurs, et les pervers narcissiques. Votre idéalisme, allié à votre bouillonnement, vous pousse en général à rêver et à vouloir un amour passion, fusionnel, souvent destructeur. De même, vous avez un art consommé pour attirer les pervers narcissiques et les manipulateurs, qui flairent tout le parti à tirer de votre fragilité et de votre manque de confiance en vous. Un seul mot : fuyez !

Ce n'est pas toujours aux autres de faire l'effort de vous comprendre. L'être parfaitement normal et équilibré dont vous êtes tombé amoureux ne raisonne pas aussi vite que vous, ni de la même façon. Certes, il n'a pas votre richesse de pensée, votre fulgurance d'idées et vous êtes fondamentalement différents. Mais votre douance et vos décalages ne vous dispensent pas de faire des efforts pour vous adapter. Vous n'êtes pas un enfant, et votre partenaire n'est ni votre père ni votre mère. Apprenez son langage, efforcez-vous de vous mettre à sa place, de deviner son mode de raisonnement comme il le fait pour vous.

Manifestez votre gratitude à son égard. Pour les efforts qu'il/elle fait pour vous comprendre et vous suivre. Elle/il a accepté de vous décharger des tâches domestiques qui vous exaspèrent et vous empêchent de vous livrer à vos activités cérébrales ? Dites-lui merci. Ce n'est pas un dû. Ne pas le/la remercier le/la prive d'une source inestimable d'émotions positives qui aident à donner du sens à ces efforts, et instaure de la confiance au sein du couple, mais vous prive aussi du plaisir de faire plaisir – et vous êtes d'habitude si généreux en matière d'émotions. Par ailleurs, l'expression de la gratitude est le remède souverain au ressentiment que les exigences que l'on a envers l'autre finissent par engendrer. Comme il serait dommage que les plus délicates et romantiques attentions ne soient remarquées par l'autre que lorsqu'elles cessent.

Félicitez-le/la pour ses réussites, sincèrement, sans condescendance. Je me rappelle toujours la joie d'Isabelle, mariée à un surdoué.

> Mon conjoint est mon plus fervent supporter. Il m'a soutenue dans mon projet de coaching. Il m'a encouragée à démissionner de mon salariat pour suivre une formation. Il m'a donné des ailes. Je lui en serai d'autant plus reconnaissante qu'il est d'un tempérament inquiet, angoissé, à toujours imaginer le pire, et que ma formation m'a parfois éloignée de la maison. Il a pris en charge les enfants, leurs devoirs… alors qu'il n'a aucune patience avec eux, il a mis un mouchoir sur son impatience.

Au bout d'un certain nombre d'années, il peut être pesant pour votre moitié d'être considérée comme la part faible du couple.

Contrôlez vos émotions, et particulièrement celles qui sont le plus difficiles à supporter pour l'entourage, la colère et l'impatience chronique.

Conseils à l'usage des gens « normaux », en couple avec un surdoué

Même dans un couple formé avec deux individus de culture, d'éducation et de QI à peu près égaux, la communication n'est pas facile. Elle l'est encore moins entre un homme et une femme dont les sensibilités différentes colorent de façon particulière chacun des propos. Alors entre un adulte HP et un adulte lambda ! C'est à vous que s'adresse ce dernier chapitre. Lorsque je vous reçois, la difficulté de communication est l'un des premiers griefs que vous exprimez à l'endroit de votre conjoint(e). Vous êtes à bout, mais vous venez pour sauver votre couple car vous êtes particulièrement conscients de la richesse qu'offre la douance de votre compagnon ou de votre compagne à votre vie de couple. Vous l'avez découvert avec jubilation : rien n'est plus « sexy » ni érotique que l'intelligence. Pour éviter que les hiatus fréquents que révèle le quotidien entre sa puissance intellectuelle et la vôtre ne mettent votre couple en péril :

Rappelez-vous que ce n'est pas parce qu'il est surdoué que vous êtes stupide. Certes, vos cerveaux ne fonctionnent pas à la même vitesse, ni dans la même direction (les siennes sont multiples), mais vous avez tout pour vous comprendre et vous entendre, pour peu que vous l'écoutiez attentivement, que vous lui demandiez de se répéter et de s'expliquer – bref, de vulgariser sa pensée.

Ne décodez pas ses humeurs et ses réactions à l'aune des vôtres. J'ai exposé, un peu plus haut, les erreurs d'interprétation que font les communs des mortels confrontés aux caractéristiques des surdoués, et qui les poussent à se rebeller (à la grande stupéfaction de leurs partenaires surdoués). Ce qui ne peut générer que des conflits et de l'exaspération. Ainsi, il/elle ne s'impatiente pas parce qu'il/elle vous prend pour un/une imbécile, mais parce que les idées et les pensées affluent à toute allure, débordent, et qu'il a un besoin urgent de les exprimer. Ainsi encore, ce n'est pas parce qu'il ne vous supporte plus, ou qu'il vous fait la tête, qu'il a besoin de se retirer seul dans un endroit bien à lui, ou dans sa chambre. C'est qu'il a un besoin vital de calme et de repos.

Il/elle éprouve souvent un grand inconfort dans le commerce avec d'autres personnes, avec vos relations d'enfance ou professionnelles. Ne les lui imposez pas. Il ne veut pas les voir, non pas parce qu'il se juge supérieur, ou qu'il les méprise, mais parce qu'il n'a rien à leur dire ou est paniqué et peu doué pour le « socializing ». Il vous laissera les fréquenter sans manifester ni jalousie ni agacement. Il vous laissera toute la liberté qu'il vous demande de lui concéder à votre tour. N'oubliez pas que votre partenaire surdoué(e) n'est pas du genre à apprécier la frivolité ni la superficialité. Au contraire, il apprécie la profondeur, l'engagement radical – ce qui peut être parfois astreignant, voire épuisant pour vous.

Laissez-lui à l'envi le temps libre et l'espace de solitude qui lui permettent de se concentrer, de se reposer, de faire le vide. Et parfois même, l'opportunité de s'absenter quelque temps : votre partenaire surdoué(e) peut avoir un besoin vital de se recentrer, et de partager ses réflexions et ses travaux avec ceux qui partagent ses activités intellectuelles ou spirituelles – religieux dans un monastère, retraites d'études mathématiques ou informatiques, congrès d'astronomie ou de droit fiscal…

Ne cherchez jamais à entrer en compétition avec lui. Vous instaureriez une rivalité malsaine, frustrante, et infondée : ni vos armes ni vos moyens ne sont comparables aux siens, pas plus que vos objectifs.

Travaillez à rendre vos différences le plus fructueuses possible, et enrichissantes pour l'un et l'autre.

Laissez-le/la rêver. Facilitez et encouragez son inépuisable désir créatif, même s'il vous semble partir dans tous les sens à la fois. Apportez simplement votre bon sens, et vos notions d'excellent(e) gestionnaire pour que ses idées aient un avenir. N'oubliez pas qu'il/elle a dû être frustré(e) pendant son enfance, et une bonne part de sa scolarité.

Avec votre partenaire surdoué, respectez l'espace dévolu à chacun : vous, lui et vous ensemble. Ne cherchez pas à faire entrer de force ce qui lui appartient en propre dans l'espace commun. C'est la clé de la réussite d'une relation en général, et d'une relation avec un surdoué en particulier.

N'hésitez pas à exposer clairement vos attentes, et ce conseil vaut aussi pour votre partenaire HP. Vous êtes, tous les deux, en droit d'avoir des demandes et des attentes. Et chacun a le droit de refuser d'y répondre. Mettez-vous alors autour d'une table et, tous les deux, faites des concessions, des compromis. Établissez une sorte de charte, un règlement intérieur pour prévenir les éventuels et futurs litiges.

Épatez-le/la. Votre moitié ne redoute rien autant que l'ennui. Sachez le/la surprendre, l'amuser. Votre couple ne pourra qu'en bénéficier. Les études montrent que les conjoints qui réussissent à maintenir des relations de couple saines sont en fait des personnes qui se donnent les moyens de continuellement redécouvrir l'autre, de continuellement le remettre en scène, en faisant preuve d'attention, d'inventivité et d'intérêt. L'entreprise ne prend pas tant de temps ni de travail que vous pouvez le craindre. Il suffit de brefs moments durant la journée. Cinq minutes de jeu, de plaisanterie, dix minutes d'attention sincère, de tendresse et d'écoute suffisent à faire toute la différence.

Chassez la routine ! Demandez-vous à quand remonte la dernière fois que vous avez accordé ces cinq minutes de pleine attention à votre conjoint ou conjointe, sans être distrait ou parasité par autre chose que le plaisir de partager un moment inédit avec votre surdoué(e) de partenaire. Ou encore la dernière fois que vous avez essayé de le regarder non pas au travers de l'image immuable que vous vous êtes forgée de lui/d'elle, mais comme quelqu'un de nouveau et d'incroyablement singulier ? Les gens changent, c'est indéniable. Même les points sur lesquels vous auriez juré qu'une personne ne pourrait jamais changer finissent par évoluer. Et cela vaut pour vous-même. S'engager à suivre avec intérêt la vie de la personne avec qui vous partagez la vôtre, et oser discuter des rapports que vous entretenez l'un avec l'autre, en d'autres termes continuer à faire sa connaissance est la clé essentielle de la réussite de votre couple atypique. Changez la routine, même dans vos relations sexuelles. Osez parler de sexualité avec elle/lui. Il/elle n'ose peut-être pas vous faire part des idées fantaisistes que son extrême imagination et sa liberté intrinsèque par rapport aux normes de morale lui suggèrent.

Enfin, félicitez-vous de votre chance de vivre à côté de pareille source d'émotions, d'inventions et d'intensité. Et si les relations deviennent trop tendues, et les malentendus inextricables, n'hésitez pas à avoir recours à une thérapie de couple, menée par un clinicien au fait de la douance. Ces consultations vous permettront de faire un bilan, de traduire, au sens premier du terme, le comportement de votre partenaire et d'éclaircir les zones d'ombre, d'analyser votre ressenti et le sien, et au terme de ce travail, et l'état des lieux bien établi, décider de rester dans cette relation et comment la préserver, ou de rompre…

Conclusion

« J'ai toujours peint des tableaux
dans lesquels l'amour humain
inonde les couleurs. »

Marc Chagall

Tout ce livre, que j'achève, n'a eu pour autre objet que de répondre à la question que vous me posez tous, chacun à votre façon, quand vous exposez dans mon cabinet vos difficultés relationnelles ou la souffrance de votre solitude : « Comment rencontrer l'amour et comment faire pour qu'il dure, quand on est surdoué ? »

Tout d'abord, soyez convaincus d'une chose, vous, les surdoués : votre douance n'est pas une malédiction. Vous avez droit au bonheur. Et vous êtes parfaitement capables de nouer une relation harmonieuse, qui vous apportera ce que vous attendez de l'amour.

Ce que j'ai voulu vous dire dans cet ouvrage, c'est qu'il n'est bien sûr pas nécessaire d'être surdoué pour aimer et pour être aimé. Pour autant, il existe une façon d'aimer et d'être aimé propre au surdoué. L'intensité serait la première caractéristique évoquée tant son impact sur tout autre vécu est manifeste. Dans la société dans laquelle nous vivons, elle est souvent jugée comme un défaut. Comme le sont d'ailleurs les qualités inhérentes à la douance : l'intégrité, la quête d'absolu, l'enthousiasme fou, l'immense empathie.

Cela reviendrait-il à dire que l'amour vrai, la rencontre merveilleuse, le couple idéal dont nous parlent encore les contes de fées, seraient un rêve impossible pour les surdoués, promis à cause de leur différence à une solitude abyssale et éternelle ? Ou bien que pour aimer, se sentir aimé et faire durer ce sentiment, il ne serait possible que de s'associer à un autre surdoué ? Ou que les surdoués seraient incapables de vivre et de comprendre l'amour au sens où le reste de l'humanité l'entend ?

Un regard sur les arts suffira à nous convaincre du contraire, et que cette différence, en matière amoureuse, peut donner les plus beaux fruits qui soient. N'est-ce pas eux, ces artistes surdoués aux personnalités variées, qui nous ont donné les plus belles et les plus sensibles expressions de l'amour, de ses tourments, de ses combats et de ses moments sublimes ?

La diversité des représentations que ces artistes, ces écrivains, ces cinéastes, ces danseurs nous offrent, illustre bien la complexité et la force des ressentis que l'amour a inspirés à ces êtres talentueux. Peut-être est-ce le meilleur moyen de les approcher et de les comprendre que de faire ce pas dans leur domaine – musique, peinture, sculpture, écriture – puisque avec ce langage, alors qu'il leur est si difficile de communiquer dans la vie quotidienne, ils jouent tour à tour et dans une merveilleuse justesse sur nos sens. La musique lyrique permet une dramatisation proche de celle de nos émotions dans les moments les plus tumultueux. La peinture offre par son chromatisme et sa réinvention de l'espace une représentation parfaite de l'envahissement de notre univers intime. La sculpture, par son art de fixer l'instant dans l'éternité, nous communique la volupté ou la violence de l'expression de nos corps et de nos sens. L'écriture tour à tour nous invite au rêve, à la représentation visuelle intime qu'enrichit, livre après livre, année après année, notre expérience personnelle.

Nous avons tous une façon singulière d'envisager, d'aborder et de gérer l'amour à plus ou moins long terme.

Nous avons tous nos protections plus ou moins efficaces contre les déceptions, les blessures que cet amour peut provoquer. Le surdoué, lui, devra, *de surcroît*, gérer la force et l'insistance particulières de ses attentes, l'intensité surprenante de ses sentiments pour l'autre, la dévastation de ses déceptions et de ses blessures, et l'obsession qu'induit parfois son investissement massif dans la promesse d'avenir et d'amour qu'a suscitée la rencontre.

S'il est vrai qu'il peut être un excellent partenaire pour un autre surdoué, puisqu'il est plus à même de le comprendre et d'accepter ce qu'il sait essentiel pour lui-même, il n'est pas le seul compagnon possible pour entreprendre le beau, long et désirable voyage de la vie à deux.

Quand il prend conscience de son identité, de sa spécificité et de ses besoins, quand il apprend à communiquer ses sentiments et ses impressions de façon limpide et positive, alors le surdoué est mûr pour construire avec souplesse et créativité avec le partenaire de son choix une autre façon d'aimer selon sa propre formule. Car si l'algorithme de l'amour reste à inventer, sait-on si on l'inventera jamais ?

Dans ce travail, dans cette expérience et sur ce chemin, une qualité apparaît toutefois toujours indispensable, et fondamentale : le cœur. Car le QI ne résout pas tout, et il ne suffit certainement pas à lisser les aspérités des relations humaines, dès qu'il est question d'amour.

L'intelligence du cœur, l'intelligence émotionnelle et relationnelle seront requises maintes fois, cent fois appelées au secours du couple pour que la relation puisse s'inscrire dans le temps, car l'amour sollicite autant la tête que le cœur.

Parce que, pour les surdoués plus que pour tout être, c'est en aimant et en étant aimé que la vie prend ses couleurs, son envol, et sa pleine dimension.

Notes

1. Les surdoués confrontés à la relation amoureuse

1. Jean Rostand, préface aux *Poésies d'Anna de Noailles*, Grasset, 1963.
2. Abbé Mugnier, *Journal*, Mercure de France, 2003.
3. *Id.*
4. André Gide, *Journal. Une anthologie,* Gallimard, « Folio », p. 109-110.
5. In *Le Séminaire, livre XI : Les Quatre Concepts fondamentaux de la psychanalyse*, Seuil, « Points », 1990.

2. Bref rappel des faits

1. Selon l'Observatoire des inégalités, en 2019, l'écart des salaires entre les hommes et les femmes pour un poste équivalent varie entre 9 % et 25 %. Les inégalités sont plus marquées chez les cadres. À bac + 3 ou plus, cet écart grimpe à 31 %. Si l'on écarte toutes les explications plausibles, comme la naissance d'enfant(s) et de fait une implication horaire moindre, à poste, célibat et diplômes égaux, la différence reste de 9,3 % en défaveur des femmes.
2. *La Femme surdouée. Double différence, double défi*, Albin Michel, 2019.
3. Les scores de QI mentionnés sont a priori obtenus à l'échelle

d'intelligence de Cattel et correspondent réciproquement aux scores de 141 et de 157 à l'échelle de Weschler communément utilisée en France.

4. Il est important de souligner que, si l'on observe un net progrès dans les demandes de test, pour les filles, nous ne sommes pas encore parvenus à une égalité entre filles et garçons.
5. Pour rappel, l'excitabilité diffère de l'hyperactivité (comme trouble neuro-développemental, appelé aussi « déficit de l'attention »), parce qu'elle n'empêche nullement la concentration, ni la capacité de catalyser fructueusement l'énergie dans la réalisation de projets divers et variés.
6. *L'Adulte surdoué. Apprendre à faire simple quand on est compliqué*, Albin Michel, 2011.
7. La psychologue Sandra Lipsitz Bem a établi un inventaire des traits assignés à l'un ou l'autre genre (*The Bem Sex-Role Inventory*) afin de démontrer et de mesurer combien la société était construite sur des stéréotypes. Selon elle, il existe une troisième voie, l'« androgénéité ». Sandra Bem a construit ce concept en refusant de concevoir le féminin et le masculin comme deux pôles opposés, mais plutôt comme un ensemble de traits parallèles. Une personne « androgène » aura un taux élevé de traits masculins (indépendance, autonomie, dominance) et de traits féminins (chaleur, conscience des émotions de l'autre, expressivité). Dans son livre *The Lenses of Gender*, Sandra Bem affirme qu'il est destructeur personnellement et socialement de se polariser sur le genre ; et qu'il existe de plus grandes variations de masculin et de féminin que la société ne le considère. Certains psychologues ont par ailleurs souligné que les personnes créatives et les femmes surdouées avaient tendance à l'androgénéité.

3. Le modèle idéal

1. Étude menée pendant 5 ans, de 2002 à 2007, sur un panel de 87 surdoués, 33 hommes et 54 femmes et leurs conjoints, surdoués ou pas.
2. S. Tolan, *Discovering the Gifted Ex-Child*, Roeper Review, 2011.
3. Par ordre décroissant.

4. Les difficultés des surdoués dans leur perception de l'amour

1. Mes lecteurs le savent, j'emploie ce terme dans un sens clinicien, quantitatif, selon des mesures précises établies par les neurosciences et une batterie de tests conçus pour l'évaluation des aptitudes de chacun à résoudre certains problèmes. Je n'emploie pas ce terme dans le sens commun, qualitatif, qui pourrait induire une prétendue supériorité chez certains individus, voire des qualités de « surhomme » ou de « sur-femme ». Comme je l'ai exposé dans un ouvrage précédent, dédié à leurs souffrances, les surdoués sont rarement persuadés d'une quelconque supériorité ou d'une aisance supérieure dans leur vie grâce à leur QI. Bien au contraire, leur surefficience leur pose souvent plus de problèmes dans leur réussite et leurs relations qu'elle n'en résout. Et elle aggrave leur sentiment de solitude.

5. Amour/amitié... La question de l'homosexualité

1. Alfred Charles Kinsey, *Sexual Behavior in the Human Male*, W.B. Sanders, 1948 ; et *Sexual Behavior in the Humane Female*, W.B. Sanders, 1953. L'auteur est un professeur d'entomologie et de zoologie célèbre pour avoir publié deux importantes études descriptives sur le comportement sexuel de l'homme et de la femme.
2. Lire à ce propos de Shere Hite et Philippe Barraud, *L'Orgueil d'être une femme*, Favre, 2002.
3. Dans l'étude de Terman, lorsqu'on a demandé aux femmes à haut potentiel d'identifier leurs priorités dans la vie, elles ont majoritairement classé la famille en n° 1, l'amitié en n° 2, et leur carrière en n° 3. L'évolution de la société a bousculé ce classement. La famille et la carrière sont désormais à égalité. L'indépendance est devenue un impératif pour les femmes, et la réussite a fini par être un moteur aussi puissant pour une grande proportion de femmes que pour les hommes.
4. Shere Hite, *Rivales ou amies. Le nouveau Rapport Hite sur les femmes d'aujourd'hui*, Albin Michel, 1999, J'ai lu, « Document », 2000.
5. *Ibid.*

6. Trouver un équilibre dans le couple

1. *La Femme surdouée*, *op. cit.*
2. Notamment ses *Principes d'économie politique.*

7. La rencontre

1. *The Power of Commitment*, Jossey Bass, 2005.

10. Les pièges qui menacent les relations amoureuses des surdoués

1. Robert Neuberger, *Les Paroles perverses. Les reconnaître, s'en défaire*, Payot, « Petite bibliothèque », 2018.

Table

De la même autrice

La femme surdouée.
Double différence, double défi,
Albin Michel, 2019

Un sentiment de solitude,
Albin Michel, 2017

L'Adulte surdoué à la conquête du bonheur.
Rompre avec la souffrance,
Albin Michel, 2016

L'Enfant précoce aujourd'hui.
Le préparer au monde de demain,
Albin Michel, 2015

L'Adulte surdoué.
Apprendre à faire simple quand on est compliqué,
Albin Michel, 2011

Le Petit Surdoué de 6 mois à 6 ans,
avec Sophie Carquain,
Albin Michel, 2013

Pour que mon enfant réussisse.
Le soutenir et l'accompagner,
Albin Michel, 2010

Les forces des surdoués
dans un monde en crise
Albin Michel, 2020

CHEZ LE MÊME ÉDITEUR

Catherine Aimelet-Perissol et Aurore Aimelet, *Apprivoiser sa culpabilité*

Sophie Cadalen et Sophie Guillou, *Tout pour plaire... et toujours célibataire. Rencontrer l'amour*

Dr Stéphane Clerget, *Les kilos émotionnels. Comment s'en libérer*

— et Bernadette Costa-Prades, *L'amour et les kilos*

Rose-Marie Charest, *La dynamique amoureuse. L'alchimie du couple*

Béatrice Copper-Royer, *Le jour où les enfants s'en vont*

— et Marie Guyot, *Quand l'amour emprisonne. Parents, conjoints, amis, collègues...*

Pascal Couderc (avec la collaboration de Catherine Siguret), *L'amour au coin de l'écran. Du fantasme à la réalité*

Elsa Godart, *Ce qui dépend de moi. Petites leçons de sagesse*

Isabelle Méténier et Hamid Aguini, *La rébellion positive. En famille, en couple, face à sa hiérarchie*

Dr Sylvain Mimoun, *Ce que les femmes préfèrent*

Ghislaine Paris (en collaboration avec Bernadette Costa-Prades), *Faire l'amour pour éviter la guerre dans le couple*

Nicole Prieur, *Petits règlements de comptes en famille*

Nicole Prieur et Isabelle Gravillon, *Arrêtez de vous disputer*

—, *Nos enfants, ces petits philosophes*

Nicole Prieur et Bernard Prieur, *La famille, l'argent, l'amour. Les enjeux psychologiques des questions matérielles*

Bernard Prieur et Sophie Guillou, *L'argent dans le couple*

Isabelle de Roux et Karine Segard, *Ma famille, mes fantômes. Guérir du lien quand il fait mal*

Maryse Vaillant, *Les hommes, l'amour, la fidélité*

—, *Être mère : mission impossible ?*
— et Sophie Carquain, *Entre sœurs. Une question de féminité*
—, *Récits de divan, propos de fauteuil. Comment la psychanalyse peut changer la vie*
—, *La répétition amoureuse. Sortir de l'échec*
—, *Pardonner à ses enfants. De la déception à l'apaisement*

Composition IGS-CP
Impression CPI Bussière en août 2022
Éditions Albin Michel
22, rue Huyghens, 75014 Paris
www.albin-michel.fr
ISBN : 978-2-226-45584-0
N° d'édition : 24197/03 – N° d'impression : 2066849
Dépôt légal : octobre 2020
Imprimé en France